我的泰國養老生活2（繁體字版）

My Retirement Life in Thailand 2 (in traditional Chinese characters)

B杜

Copyright © 2024 by B杜

All rights reserved.

No part of this book may be reproduced in any form or by any electronic or mechanical means, including information storage and retrieval systems, without written permission from the author, except for the use of brief quotations in a book review.

British Library Cataloguing-in-Publication Data. A CIP catalogue record for this book is available from the British Library.

ISBN 978-1-915884-42-8 (ebook)

ISBN 978-1-915884-41-1 (print)

For my Family

1、蒜皮小事

我住的三巷大概是整座山比較稀缺的存在,之所以說稀缺乃因整條巷子待售的地有三塊,空置的地有兩塊,爛尾(還在挖地基就停工)的地有三塊。換言之,可供居住的公寓樓並不多,目前也就巷底的兩棟(巷頭那棟是民宿),相較於其他巷,的確有開發的潛力。

某天,我問老公:"你說那些待售或空置的地塊是不是'違章建築戶'的?"

他回答不知道,如果是,這些人就大發了。

沒錯,我們的這條巷子還散落著幾戶違章建築(我猜的,因為蓋得相當潦草,甚至有點兒搖搖欲墜的樣子),住在裡面的人看似無所事事，其實是有工作的，平常就是撿拾一些瓶瓶罐罐賣錢，堆積起來的"垃圾山"讓原本就不大的庭院顯得更加窄小。

大概做資源回收的收入實在有限，某天，其中一戶竟幹起了副業——賣冰鎮水果。

去過泰國的都知道，這種街邊水果車看起來乾淨衛生，一袋切好的即食水果也不過20泰銖而已，可說是物美價廉，所以很受大眾歡迎。如果把這種買賣當成收入來源，倒也不失為一種謀生途徑，壞就壞在此人的選址地點不好，竟把水果車停在離家不到一分鐘步程遠的地方（估計一開始是想做周邊鄰居的生意，但住在這裡的人都清楚"老闆"的居住環境，連帶懷疑吃了那些已削皮的水果會不會經常跑廁所，甚至成為"噴射大俠"？）。可想而知，光顧的人寥寥無幾，他是賣了個寂寞。

幾日過後，這位水果車車主也意識到"風水不好"的問題，開始轉移陣地至巷頭，那裡緊挨著7-11，同時面朝雙車道"大"馬路，與之前的位置比，的確好很多，但他提供的水果品種和量實在太少，引不起購買慾，很快便"創業"失敗。

我以為這條巷子又會恢復原有的平靜，哪曉得才平靜了一個多月，靠近巷底的路旁多出了一張桌子（上面擺放著水果）和一把遮陽傘，每當我遛狗經過時，坐在桌旁的女人總會主動跟我打招呼。

"薩瓦滴卡。"我回覆，然後低頭走開。

話說那些未經處理的水果應該沒有安全隱憂，但我為什麼不購買？原因有三：

1、遛狗時，我向來不帶錢包。

2、一旦買了，下次經過若不買就尷尬了。

3、水果市場的選擇性更多，價格又便宜，我和老公一週至少會去一次，實在不需要"就近"購買。

大概別人也有這個、那個的考量，反正經營了兩個多月的"克難式水果攤"最後還是倒閉了。其實用"倒閉"一詞來形容並不真切，具體來說應該是換個地方賣（但情況也好不到哪裡去），而這個地方就近在咫尺，也就是戴小帽的女人的家。

在《我的泰國養老生活1》一書中，我曾提到戴小帽的女人，這裡不再贅述。我要說的是她家的客廳朝著巷道，若把木門全打開，就跟商戶一樣，可以直接開門做生意，想來他們也正打算這麼幹。

根據我的觀察，這家人一開始並沒有長遠的規劃，而是單純地想賣水果，所以在狹窄的空間裡硬擠出空位擺上一張大桌子，上面的水果似曾相識（如我所說，很像是從克難式水果攤搬過來的，這讓我聯想到兩家很可能是親戚關係，因為也只有親戚才會那麼沒有邊界感），而原來的克難式水果攤則賣起了炸串，炸鍋的電線還是從家裡拉過來的……

自從"開門做生意"後，戴小帽的女人不再忙著做垃圾分類，也不見她搓洗衣服，而是脫下帽子，靜靜地坐在室內守著一桌子的水果。由於客人極少，多半時候她呈發呆狀態，很難說這種生活是否更加輕鬆。

過了半個月，我發現這家小店多出了一個冷藏櫃，裡面擺滿了飲料和酒（這倒是個好思路，雖然7-11離此也就300米遠，但總有犯懶的人不願走這麼一遭）。

某天，我晚了兩小時才出門遛狗，外面已漆黑一片，但路邊卻閃著五顏六色的光芒。走近一看，戴小帽的女人的家又不一樣了，瞧！屋簷下方掛了一長串的小燈泡，看著像是聖誕節的裝飾燈（我有點兒懷疑這是從垃圾堆撿回來的），同時多出來的還包括一張木桌和數把木椅。

"看樣子他們想將店做大、做強，"我心想，"可是有誰會在這麼簡陋的店裡消費呢？"

又過了一段時間的某個夜裡，我赫然發現小店來客人了，兩個工人模樣的人坐著喝啤酒，桌上有一碟花生（想來是店家贈送的），而店內唯一的一架電風扇正朝著客人吹……

我忽然有種莫名的感動，斯是陋室，但照顧客人的心卻無比真誠。

後來的後來，只要夜幕降臨，陋室小店裡總能見到飲酒的客人（當然，他們也是購買炸串和水果的潛在消費群）。有一次，我竟然還看到一位白人"酒客"，真是大開眼界，莫非他就喜歡這種"接地氣"的氛圍？

以上是一家店從無到有的整個過程（如果把水果車和水果攤當作成功的墊腳石，同時把後來的炸串攤看成該店後廚的話），讓我見識到社會底層為了生存做了多少的努力與嘗試。

說這些不過是蒜皮小事，但生活不正是由許多的蒜皮小事組成，真正的高光時刻只會偶爾飄過嗎？

這就是生活！

2、袖珍人

我們樓裡有個袖珍人,一開始,我挺想打招呼,但她的眼光沒落在我身上,我也就順其自然地"一眼帶過",結果這成了一條"鐵律",以後即便狹路相逢,兩人也會很有默契地互相看不見。

這一天,我進了電梯後,忽聞腳步聲,趕緊按住開關等人。

"Thanks!"袖珍人進入電梯後對我說,接著轉身背對我。

正常的情況下,我和她應該不會再有交集。也就是說,兩人又會重回到"互當對方是空氣"的狀態中,然而就是這麼神奇,只因我多看了她一眼(她的手裡拿著一個外賣盒，顯然，她外出是為了拿外賣），事情竟然往反方向發展。

"這是妳的午餐嗎？"我問。

"是的。"她轉頭對我說，同時帶著微笑。

我拿出手機一看，時間顯示下午兩點多。

"妳都這麼晚吃午飯嗎？"我又問。

"沒有，今天比較特殊，因為工作量大，耽誤了吃飯。"

我也注意到她是有工作的，經常見她步行或打摩的上班。她口中所謂的工作量大，我猜是工作日沒完成任務，導致週末還得在家加班。

此時，電梯門開了，我祝她用餐愉快，她也祝我有個美好的一天。

這次的交流算是為兩人的關係破冰，以後凡是見著面，我們都會互相打招呼，而我也從一次次的接觸當中，感受到這是一位性格開朗且不卑不亢的俄羅斯姑娘，雖然外形有明顯的缺陷，但她每天都會精心打扮，連衣服也看得出經過巧心的搭配。

老實說，如果這樣的"殘疾"落在我身上，我恐怕要日日怨天尤人，甚至萌生自殺的念頭，遑論打起精神過日子。

記得很久以前，我曾讀過一篇文章，說的是西方的某個古老國家允許殘疾人（包括侏儒）自殺。當時的我吃了好幾驚，心想這未免也太先進了吧？！然而當我寫下這一篇，從而必須上網查資料時，卻得到截然不同的答案——侏儒因為稀有，在古代經常被當作禮物贈與國王和王后，這形成了攀比現象（各國常以擁有侏儒侍從的多寡來評價國家的盛衰）。

如果這是實情，那麼"允許侏儒自殺"的真實性就存疑了。

話說西方有一幅名畫《宮娥》，畫面右下角的小矮人就是侏儒，可見"宮廷裡有侏儒"乃實際發生。正因有此實例，我繼續深扒，結果發現宮廷"蓄養"侏儒的歷史非常悠久，在國外最早可以追溯到古埃及、古希臘、古羅馬，在中國則可追溯到商代。這些侏儒多為宮廷玩物，譬如從事歌舞雜技或戲謔逗笑的表演。

如果只是逗人開心，侏儒也算是找到了謀生之路，比較不人道的是西方歷史上的某些時期（好比古羅馬時代）為了擁有更多的侏儒，竟然施行人造侏儒，也就是通過束縛身體、開眼角（讓眼睛變大）、將關節脫臼等手段，硬生生把正常人變成侏儒。無獨有偶，這樣悲慘的事也在我國發生過，譬如隋煬帝就曾要求道州每年進貢侏儒，導致某些官員為了加官進爵，故意把健康的兒童放進陶罐中，人為製造出畸形侏儒來。

在史書的記載中，侏儒也不一定總是低人一等，高光時刻出現在古埃及的某個時期，當時的人認為侏儒的先天缺陷是奇蹟，所以把侏儒看作能與神靈聯繫的人，社會地位也隨之提高。據考證，古埃及的兩位神祇貝斯（Bes）和貝塞特（Besette）皆為侏儒。

隨著時代的進步，如今的侏儒被喚作袖珍人（侏儒多少帶著歧視，不若袖珍人"可愛"）。記得居住在新西蘭時，我就曾多次見到一名袖珍人媽媽帶著女兒購物，她的女兒也是袖珍人，而我和老公也因此有過以下對話：

"我認為袖珍人不應該有後代，自己受的苦何必傳給下一代？"我說。

"袖珍人也有權利享受天倫之樂,別人的偏見是別人的事。"老公答。

"那有沒有問過孩子的意見?我若是那孩子,寧願不出生。"

"照妳的說法,窮人之家、戰亂國、父母自帶不良基因……等,皆能成為不出生的理由。"

如今回想起來,老公的言論倒是讓我有了反思——也許袖珍人的悲哀是因為多數人覺得他們很悲哀,然而比起這個顯而易見的坎(身材矮小),他人的坎未必更少或更易克服。再講得直白點兒,這是五十步笑百步。

雖然我承認每個人都有苦難,但"袖珍人不應該有後代"的想法卻始終沒有變過。其實不止袖珍人,智障或極度貧困的家庭,我也認為不該生孩子。

這聽起來似乎有點兒冷血,甚至帶著殘酷,但背後其實是理智且慈悲的,還是那句老話——己所不欲,勿施於人。

3、榴槤的故事

臺灣向來有水果王國的美稱（好吧！我承認泰國是水果王國，但誰規定水果王國只能有一個？），然而三十年前的臺灣水果市場，榴槤的身影仍不多見，即使有，進口水果相對價昂，非一般人能承受得起（意思是我沒吃過）。

第一次聽說榴槤的美味，還是從同事那裡得知，她說她老公費盡千辛萬苦給她搞來一顆，她捨不得吃，每次只吃一點點兒，因為吃完又要等很久。

"榴槤是什麼味？"我問同事。

"很難形容哪！有時候是酒香味，又有時候是奶香，甚至苦味也遇到過。"

啥？這是什麼神仙水果？簡直比天氣還變幻莫測！而且全程聽下來，同事都沒提到最關鍵的一件事——氣味。

"榴槤臭不臭？"我接著問。

"不臭不臭，"同事笑咪咪地答，"香得很！"

這下子我陷入五里雲霧之中，因為坊間傳言這種水果臭氣熏天，跟捂了好多天的腳丫子有一拼，連公共交通工具都不讓上，怎麼到了同事這裡卻成了香味撲鼻？

是的，當時的我只聽過榴槤的傳說，連影子都未曾見過，只知它呈球形，有綠色外皮。

二十年後，我和朋友約著去清邁玩，在市場裡，朋友指著"形似"榴槤的水果問攤販："我能買20泰銖嗎？"

攤販點點頭，取出一把長刀將"榴槤"對半切開，抹去白色粘液後，再切掉白芯，接著把一個個去核的果肉放進塑料袋內。

"吃！"朋友對我說。

想到榴槤的特殊性（很多地方不允許帶

入），還是放進五臟廟為妥，於是我拿起一個試吃。

該怎麼形容第一次接觸的感覺？它有點兒乾，吃起來脆脆的，甜度不高，口感像軟掉的蘋果或半乾的橘子。

"原來這就是榴槤，顏色比我想像的深，也沒什麼臭味。"我說。

"這不是榴槤，"朋友睜大眼睛，"是菠蘿蜜啊！"

"什麼是菠蘿蜜？"

話一說出口，我就後悔，方才看到的（酷似榴槤的東西）不正是菠蘿蜜？

大概瞧出我的尷尬，朋友主動為我拿來梯子（好下臺階），說："妳應該是把菠蘿蜜和榴槤蜜給搞混了，榴槤蜜的果肉有榴槤的氣味。"

我滴老天！怎麼又跑出一個榴槤蜜？泰國到底還有多少種我未知的水果？

由於鬧了笑話，我決定無論如何都得在清邁吃到榴槤。朋友也很豪爽，她答擇日不如撞日，就今天吧！

我記得很清楚，那天是水燈節，通往塔佩門的路上有很多賣天燈（紙糊的，原理如同熱氣球）和賣水燈（由香蕉樹幹製成的圓形木筏，上面飾以鮮花、蠟燭和棒香）的小攤，夾雜其間的就有我心心唸唸的榴槤攤。

"這是妳第一次吃榴槤，所以要挑好的。"朋友說。

我不知道如何判斷榴槤的好壞，但價格昂貴是知道的，當時一顆椰子只需30泰銖，而一盤榴槤（兩房肉）卻要價4、5百泰銖，簡直貴得無法無天！

（註：榴槤會因季節、品種和重量的不同而有價格上的差異，所以很難從賣價上來判斷是否被宰。）

我還在心疼錢，並且在"放棄"與"不放棄"之間來回跳躍，結果朋友的動作比我的決定還快，她篤定地指向最貴的那一盤……

見大勢已定，我也只能"含淚"吞下。

"好吃嗎？"朋友問我。

實話說，像在啃一塊微甜的奶油，氣味倒沒想像中難聞。

"還行吧！"我答，"不過下一次應該不會再買了。"

沒料到食用榴槤的後遺症很快便顯現出來，那就是太容易飽腹了，導致我整晚挺著大肚子，難受死了！

因為第一次嘗試沒從我這裡得到好評，我以為榴槤從此會在我的生命中消失，然而一段短視頻的出現，卻又讓榴槤起死回生——屏幕中的泰女因男友把冰箱裡的榴槤全吃光，哭得淚眼婆娑。

"不會吧？！就這破玩意兒，還值得掉眼淚？"我心想。

後來命運又安排了第二段短視頻——我關注的博主上泰國遊玩，歸國時，他抓緊時間在機場的商店裡購買榴槤乾，一買就是十幾包，還對著鏡頭說："若不是航空公司不允許榴槤上飛機，我肯定帶幾顆回國。"

我不免心生疑問——明明不咋地，為何如此受歡迎？莫非我吃到的是假榴槤？

懷疑的種子一旦種下，生根發芽是分分鐘的事。鑑於當時國內的榴槤比泰國貴上好幾倍，我決定從衍生產品入手，好比榴槤蛋糕、榴槤蛋塔、榴槤冰淇淋、榴槤麻薯、榴槤麵包、榴槤餅乾、榴槤咖啡……等。

"妳不是不喜歡吃榴槤？為什麼還買那麼多榴槤口味的東西？"老公不解地問。

"我以為試了那麼多，總有一樣對口，可惜都不好吃。"我誠實回答。

這件事就這麼擱了下來，直到我們到泰國養老，而我又在水果市場裡頻繁見到它的身影。

"你說我買一房榴槤回家試試怎麼樣？"我小心地問老公。

"在這裡吃可以，帶回家就別想了，除非妳想把家裡搞臭。"他答。

這倒是個問題！

為了一解榴槤的臭味到底需要多久時間才會消除，我特地上網詢問有此經驗的博主，得到的答覆是——如果開窗，幾個小時就沒味道了，不需要使用特殊的化學藥劑。

得到"免死金牌"後，老公又有話說——物業不讓榴槤進大樓，違者罰款。

我倒不認為物業會管那麼寬，但業主委員會就不好說了，那些洋人可受不了任何"奇怪"的味道。

就這樣，此事又擱了下來，直到有天與老公吵架，尚未解氣的我決定幹件大事來噁心他，思來想去，還有什麼比榴槤更加令他噁心？

不諱言地說，當我第一次攜帶榴槤回家，心情真是跌宕起伏，既怕被罰款，又怕屋子裡從此有去不掉的榴槤味，然而過了那道坎之後，恐懼就不再是恐懼，與此同時，也應驗了我之前的懷疑——榴槤與我相剋，我就是愛不上它。

事情到這裡已經明擺著，可是幾個星期後，我又買了榴槤，並且不是一房，而是一整顆。

"妳不是說榴槤嚐起來很苦，怎麼又買？"老公邊說邊氣得七竅生煙，因為他最受不了榴槤的味道。

"以前我都是單買，"我答，"很可能商家把次級品都分散來賣，如果真是那樣，買一整顆可能就不同了。"

事實證明我買到的依舊發苦，白花了"好多"錢（那顆榴槤花了我七百多泰銖，是"散裝"的三、四倍）。

正常人的思路是既然已經試錯那麼多回，應該及時止損才對，但我不知哪根筋不對，偏偏要去挑戰那萬分之一的可能性，理由是——每顆榴槤的味道都不盡相同，肯定有適合我的那一個，只是我還沒發現而已。

也許"天道酬勤"，在我又試了N次後，終於找到自己的心頭好——不能挑硬的，要挑有點兒軟又不能太軟，且品相完好，沒有一點兒過熟（濕）的痕跡。

然而自從知道如何挑選適合自己口味的榴槤後，我忽然沒了吃它的動力，彷彿之前的嘗試不過是一場角力，既然獲勝了，已經無憾，加上性價比太差（一房榴槤的價格可以買兩大袋的芒果），我決定收手，不再折騰。

"怎麼最近都不見妳買榴槤？"老公問。

我告訴他自己覺悟到的真理——任何一件事只要放開來做，總會有厭煩的一天，就像我對榴槤的態度一樣。同理可證，他應該把所有的錢都交給我，讓我隨便買買買，等我買累了，就算他把錢強塞給我，我也懶得花。

"嘿嘿嘿……"老公壞壞地笑，"我才不上當。"

真是天地良心，明明掏心掏肺地吐真言，怎麼就成了設陷小人？看倌們，你們評評理啊！

4、泰國的脫鞋文化

記得小學四年級時,我們的級任老師(大陸稱為班主任)換成了趙老師,她是全校唯一一個立下"脫鞋進教室"規定的人。老實說,在那樣擁擠的環境中(一個班級約有50~60名學生,從教室頭坐到教室尾),還能來上這麼一齣,真是人才!

在我看來,"脫鞋進教室"是得不償失的事,因為教室地板雖然乾淨很多,但脫下來的鞋子就擺在桌子底下,那氣味跟臭彈有一拼,還有,下課時間只有短短10分鐘,進出教室還得一脫一穿,老師又經常說得興起,耽誤了部分下課時間。換言之,下課除了上廁所外,沒空幹別的,惹得學生們怨聲四起。

我提這個，倒不是說臺灣沒有脫鞋文化，事實上，多數的臺灣家庭（不管過去或現在）進門都有脫鞋的習慣，但家裡和公共場所畢竟不一樣，如果連公共場所都得脫鞋，那可真是個麻煩事，不僅費時費力，還得忍受腳底異味，甚至有感染足疾的風險。

來泰之後，我發現這裡的脫鞋文化比臺灣還盛行，好比進寺廟要脫、進教室要脫、進雜貨舖要脫、進公共廁所要脫、上竹蓆要脫等（後四項因地制宜，大部分發生在小城鎮，非普遍現象），而且感染足疾的風險更高，因為泰國四季如夏，鮮少有人穿襪子，等於光腳踩在地上。

回到我居住的芭提雅，這個城市說大不大，但也絕非小城鎮能比擬，可是我還是發現了除了寺廟之外的脫鞋規定，譬如……

"我不進去。"老公一見到需要脫鞋的牌子，立即表明態度。

"可是家裡的狗需要驅蟲藥。"我說。

"那妳進去，反正我不進去。"

老公之所以反感脫鞋，乃因沒穿襪，怕光腳會染上足疾。

我也沒穿襪，但懶得重跑一趟，只能硬著頭皮進去，哪知"小時候的味道"撲鼻而來，那滋味真是無比酸爽！

有了上述"不愉快"的經歷，以後只要見到"Please take off your shoes."的牌子，我們都會選擇過門不入。

幾天前，我遛狗經過二巷的民宿公寓，赫然發現樓底下的自助洗衣店新貼上一張"溫馨提示"。

"有沒有搞錯？"我心想，"連洗個衣服也得脫鞋，老闆的腦子是不是秀逗了？"

（註："秀逗"是網絡詞彙，從英語"short"而來，有"一時犯傻，腦子轉不過來"的意思。）

我之所以發出如此感慨，乃因會利用自助洗衣店者多為遊客，而以居住在芭提雅山上的"非泰"遊客屬性（多數為白人），新規一出，怕是把潛在客戶都拒之門外吧？！因為十個白人中，大概有八個會害怕感染足底疾病，因為他們的白皮膚中看不中用，不僅抵擋不了炙陽，還容易出現各種皮膚問題。

回家後，我立即說嘴，包括洗衣店新規和自己對白皮膚的看法。老公聽完，承認還是黃皮膚和黑皮膚有用。

"你總算給出實在的評價。"我說。

"不過高貴的東西向來都是沒用的。"他又加上一句。

我很想反駁,但發現反駁不了,因為生活中的諸多例子都證明了"高貴的東西向來都是沒用的"這句話,好比珠寶、華服、名牌包等。

(註:這些東西的隱性作用肯定有,但實際作用卻配不上它的"高貴"。)

老公看我"無言以對",嘿嘿嘿地笑,那樣子彷彿在說——我贏了!

我暗自吃下這個啞巴虧,同時想著:"當年越王勾踐臥薪嚐膽時,應該是想過殺死吳王夫差的一千種方法吧?!"

5、斷層式衰老和其他

村上春樹曾說——人不是慢慢變老的，而是一瞬間變老的。

針對以上這段話，小說家當然有小說家的解讀，但醫學研究上的確支持"斷崖式衰老"的理論，譬如美國斯坦福大學老年痴呆研究中心就曾對4000多名18到90多歲年齡階段的受試者做測試，發現衰老呈現"波浪形"趨勢，即處於特定年齡階段的人會加速衰老，隨後又會趨於平穩，而這三個加速衰老的時間點分別為35歲、60歲和78歲。

我不記得自己在35歲時是否曾"一夜衰老"，但56歲（目前的歲數）時的確曾有過，雖然在這之前就已經有白頭髮、魚尾紋、老人斑、視線模糊、記憶力減退、頻尿等現象，但都不若"那個"瞬間來得震撼，因為鏡中的我眼袋非常明顯（像把一個小漏斗對半切開，然後分別置於雙眼下方），同時出現的還包括木偶紋。

（註：木偶紋的名字來自腹語木偶，它的兩邊嘴角往下各裂開一道口子，方便做出嘴巴上下開合的動作，這兩道裂痕便是俗稱的木偶紋。）

我明明記得前一天的眼袋還一切正常，嘴角至下巴也沒有任何紋路，怎麼一覺醒來就大變天，讓我瞬間成了一名"名副其實"的老婦？

這件事在我心中烙下印記，以致幾日過後，當我路過一家醫療美容機構（據說泰國的醫美水平相當高，是世界上醫美旅遊人數最多的國家）時，忽然有了奇思異想。

"我去做個拉皮可好？"我問老公。

"為什麼要拉皮？"他反問。

"你看！"我將自己浮腫的眼袋往太陽穴的方向拉，"這樣是不是好多了？"

"別瞎折騰了！妳又不靠臉吃飯，再說，拉過皮的人看起來都很怪異。"

我同意拉過皮的人看起來怪異，事實上，做過醫美的人多多少少都看得出痕跡，我的想法是——醜人雖醜，但看起來自然；人工美人美則美矣，但美得不自然。

回到剛剛自己的"心血來潮"，其實我也就這麼一說，真要讓我去拉皮，我還興趣缺缺呢！起因是十年前的一次錯誤嘗試，讓我看到這個行業的"深不可測"。

話說我左臉頰的曬斑已存在多年，我親眼目睹它從一顆綠豆大小長成鵪鶉蛋，以致化妝時，我總要在上面塗抹厚厚的遮瑕膏。怕勢態進一步惡化下去，我遂有了激光去除的想法，而付諸行動的臨門一腳是意外得知治療費只要1200元人民幣，還是北京的三甲醫院做的，不是路邊的美容店。

當時的我是這麼說服自己的——與其買遮瑕產品，倒不如花同樣的錢達到一勞永逸的效果。

事實證明我是too young，too simple（過度天真）。

記得當時的1對1諮詢師是一名約五十多歲的大媽（其他的諮詢師也差不多這個

歲數），顏值挺令人捉急,但她卻有一張光白水潤的臉。

"1200塊只能做一次,"她說,"我建議妳做一個療程,也就是五次,可以保證不復發。"

"妳的意思是曬斑去除後還會復發?"我驚訝問道。

"只能說有這個可能性,所以才要做五次。"

聽到1200元忽然暴漲到五千多元（打了折扣）,我的熱情瞬間熄滅了。

看我萌生退意,大媽趕緊改弦易轍,表示做一次也行,於是我又坐了下來。

"即時護膚霜一支800元,好一點兒的,一千多,最好的是進口貨,三千多。"她說。

"怎麼還要護膚霜?"我問。

"是即時護膚霜,因為剛做完激光,臉部很脆弱,所以要塗抹護膚產品。"

我想想也對,只是這個"即時"護膚霜未免也太貴了吧?

此時的大媽大概也意識到我是那種"花錢

小心"的人，所以鼓吹我接受800元的那一支。

我又想了想，"大錢"都花了，還在乎"小錢"？於是要了800元的那一支。

付完錢，接下來便是卸妝、進診療室，由於大媽保證只會有"一點點兒"的痛感，所以此刻的我相當平和、冷靜，哪知才一會兒工夫，我便疼得直掉眼淚。

"疼嗎？"醫生問。

（註：事實上我不清楚她是醫生、護士或者其他身份的人，姑且就叫她醫生吧！）

"很疼。"我答。

"妳忍忍哈！"

等"萬針刺臉"的酷刑結束後，醫生對我說："我開了幾支護膚霜，妳拿著單子去繳費。"

我告訴她——我買了，錢也付了。

結果她回覆——妳買的是待會兒就得用上的，我開的是回家塗抹的。

這時我才明白大媽為什麼要強調"即時"二字，因為後面還有一個"不即時"的，這掙錢的套路可真是一個接一個啊！

後來我被帶到一個小房間，坐等那800元一支的即時護膚霜乾透。與此同時，我也注意到屋內坐得滿滿當當的，每個人看起來都很一般，不僅長相普通，也沒有一點兒富人相，不過若以此來判斷窮富，好像又成了"too young，too simple"，因為對話顯示她們對微整形（非手術類整形）瞭如指掌，什麼肉毒素、瘦臉、自體脂肪移植填充、面部微吸脂、激光治療、玻尿酸隆鼻、埋線雙眼皮等等，那是如數家珍，意思是即使這些做"皮膚管理"的人不是大富，大概率也是小富，否則怎能負擔得起那一個個的無底洞？

一個多小時過去後，我感覺臉上的護膚霜應該已經乾透了，正準備打道回府時，攬鏡一照，嚇得我馬上找諮詢師質問。

"打完激光，臉上當然全是小黑點。"大媽指著自己的臉，"過幾天就會像這樣。"

想到自己也即將擁有一張"完美無瑕"的臉皮，瞬間便收起"揮舞在半空中的劍"，半信半疑地離開醫院。

大約一個星期後，我果然從醜小鴨蛻變為天鵝，迎來此生的高光時刻，不僅皮膚白裡透亮，斑點也集體消失（當然包括那個鵪鶉蛋大小的曬斑），然而這個"鼎盛時期"並沒有維持很久，很快，我的白皮膚便逐漸暗淡下去，大大小小的斑點又一一冒出來，當然包括那個可恨的曬斑，而更恐怖的是它已經從小號鵪鶉蛋長成了中號，並且有向大號發展的趨勢。

如果我是"愛美不怕流鼻水"的那類人，肯定會衝進醫院追加治療，可惜我愛錢勝過愛美，既然沒達到效果（甚至更差），立即止損才是上上策。

十年過去後，我已把當年做過的蠢事忘得七七八八，要不是某天老公忽然問起，我還不知道此事還有個後續。

"妳的曬斑怎麼不見了？"他問。

聞言，我立即衝進浴室，鏡中人的臉上雖然依然有許多小斑點，但那個中號（趨大號）鵪鶉蛋的曬斑的確不翼而飛。

"真不見了？"我邊撫摸臉頰邊感覺不可思議，"怎麼會不見了呢？"

這個疑問直到今日依然是個未解之謎，如果將之歸功於當年的激光治療，未免牽強，因為時間跨度長達十年。我的猜測（沒有醫學上的依據）是年老帶來的內分泌紊亂，導致"靈異"現象產生。

Anyway，"當年的曬斑不見了"是好事，但也只是生活中的調味品（我的驚訝甚至大過驚喜），沒幾分鐘便被我拋之腦後，今日若不是為了寫文，大概依然被收押在記憶的"小黑屋"裡，像其他林林總總的瑣事一樣。說到底，還得感謝我的"神來之筆"，一笑！

6、不是不報,時機未到

今晨,我下樓遛狗,剛要去按底樓的門禁開關時,一名約六歲的俄羅斯小女孩帶著她那蹣跚學步的妹妹走了過來。

"Good morning." 我說。

"Good morning." 小女孩答。

"媽媽呢?" 我問。

"她在樓上房間裡。"

我把伸出去的手放下,這該怎麼整?

"妳確定妳媽媽讓妳帶妹妹出去?" 我又問。

"媽媽讓我們到外面等她。"

由於多次見這名小女孩獨自提著空桶去買水，想著這或許是俄羅斯父母的教育方式，於是我開了底樓大門。

（註：泰國的公寓樓附近經常可見投幣式自助飲水機，售價1泰銖1升。）

待我丟完垃圾，赫然發現"姐姐"站在廣場的噴泉前，"妹妹"則站在摩托車的停車區域，往後退一步便是巷道。

話說我住的這棟樓位於U型巷中，平常往來的車輛不多（清晨更少），但也難保不會有粗心的駕駛員沒看到這個身高不及一米的"小不點兒"。

"看好妳妹妹啊！"我憂心忡忡地對小女孩說。

聽到我的叮囑，小女孩走過去拉她妹妹，但六歲的孩子哪管得了兩歲的孩子？很快兩人又各分東西。

我頓時陷入兩難，人家父母就是要散養，我一個外人也不好管太寬，但讓我眼睜睜看著兩個不諳世事的孩子獨自在外，還真是不放心。

於是我站在遠處觀望，心想若有突發狀況便及時伸出援手，還好幾分鐘後，孩子的母親出現了。

說起這個女人，任何時候看到她都是非常疲憊的樣子（也難怪，同時要照看兩個幼齡孩子，任誰都會筋疲力盡），所以一開始我就認定這是個因俄烏戰爭而暫時"被單親"的家庭，畢竟男人得衛國，把妻兒留在相對安全的芭提雅，理論上說得通，直至某天我看到他們一家四口同時出現，三觀頓時碎了一地，因為我不止一次見到這個女人騎摩托車載著兩個孩子出門（大女兒坐在後座，小女兒則背在胸前），如果男主人在，這不該是他的工作嗎？再不濟，也能把小女兒留在家裡給男人照料呀！

有句話"男主外，女主內"，通常主內的那個會被認為撿了個大便宜（只需幹點兒家務活，再美不過），實際上卻非如此，因為人除了飽腹之外，還需要充實感與成就感，也許有人能從照顧家人中得到滿足，但多數婦女還得從"對社會的貢獻中"汲取，何況"可見的收入"是安全感的重要來源，而這些感覺的缺失，男人多半不能理解，這才是家庭主婦們的悲哀！

回到上述那對俄羅斯夫婦，妻子肉眼可見地"主內"了（丈夫有沒有"主外"尚不明確），以她總是面露愁容的狀態，我可以斷定她過得不好，而一個家庭的女主人過得不好代表這個家庭搖搖欲墜，跟埋下地雷無異。

幾個月前，我和兒子遠洋通話，聊著聊著，我告訴他——將來結婚，即使自己日進斗金，也別讓媳婦兒當家庭主婦（可全職在家照顧幼齡孩子直至上學），她應該有份"有收入"的工作，心情才會舒暢，心情一舒暢，老公和孩子才有好日子過，還有還有，再怎麼忙，對老婆的關心還是要到位，因為當你年老時，守在身邊的人大概率只有你老婆，她待你好不好，只有你心裡清楚，旁人很難窺知真相……

通話完畢，老公立馬抱怨："妳怎麼把對我說的話，重複說給兒子聽？"

"這是為他好，省得他晚年遭報復！"我答。

話說當年我和老公結婚時，那真是天真無邪的小白兔一隻，相較於我滿腦子羅曼蒂克的想法，老公明顯腹黑，他步步為營，好實現獨裁的目的，譬如我請了好幾個阿姨，他皆不滿意，白天我要上班，回家又得幹家務和照顧嬰兒，一根蠟燭兩頭燒，沒多久只能辭職，而為了讓我不重返工作崗位，老公後來舉家移民新西蘭，如此一來，我便徹底成了他的附庸，只能仰他鼻息。

這種"不對等"的夫妻關係一過就是二十多年，某天，一向聽話的我終於爆發，把廚房裡的大大小小餐具全拿來當飛鏢射，老公為了閃躲，額頭還磕了個大包。

"瘋子！"老公捂著額頭，怒氣沖沖，"妳知道我可以告妳傷害嗎？"

"趕緊去告！最好讓我蹲大牢。"我答。

後來我"當然"沒蹲大牢，反觀老公，他"乖"了許多，不過也只是維持了幾天而已。

我一琢磨，與其"治標不治本"，還得找個斬草除根的法子才行。思來想去，我最終採取幾年前就已經在腦海裡醞釀好的"計劃"（之所以耽擱了這麼久，乃因這是個下下策，可氣的是偏偏有些人就得用下下策來治）。

"你認為我倆誰會先老去？"某天夜裡，我逮到機會問老公。

"我比妳大五歲，當然是我先老。"他答。

"那麼當你很老、很老的時候，極可能

不良於行，甚至長期躺在床上，連大小便都無法自理，對嗎？"

老公想了想，承認是有這個可能性，於是我乘勝追擊，問他這時候是誰幫他推輪椅？又是誰幫他清洗汙穢的身體？

"當然是妳啊！"他毫不猶豫地答。

"那你還不對我好一點兒？"

"我哪裡對妳不好了？別整天胡思亂想的！"

這次的對話不過是牛刀小試，真正的大戲還在後頭，以後凡遇老公讓我不順心，我便一次次加料，皆與老態龍鍾時的他有關，好比將他鎖在家裡，自己跑出去玩，或者不給飯吃、不給電視看、不給茶水喝（英國佬一天總要喝上好幾杯熱奶茶，否則世界是黑白的）等。

"妳也不想想也許妳先比我不良於行。"老公反擊。

"是有這個可能性，你不妨賭一下，但凡我贏了，絕對送你'生不如死'的豪華大餐享用。"我答。

"妳敢？"他怒目，"我會告訴兒子。"

"謝啦！這提醒我得沒收你的手機。"

"別得意,我總有辦法治妳。"

"怎麼治?房門一關,我待你好不好,別人是不會知道的,縱使有懷疑,我忽悠兩下又不是什麼難事。拜託!你還真以為行動不便的老人很容易求救?"

老公不是笨蛋,經我這麼一分析,他也清楚這是事實,所以肉眼可見地改變對我的態度。當然,冰凍三尺非一日之寒,想解凍也非一朝一夕,這期間大概又經過三、四年,我才終於拿回絕對的發言權和該有的尊重。

看倌們也許會以為我"勝之不武"(畢竟是通過威脅恐嚇得到的),但與最終走向離婚或者更極端的下場比,無疑好太多,何況我只是拿回原本就屬於我的東西。老實說,我一點兒也沒有負罪感,甚至帶著自豪,因為我終於成功終止了自己的不幸,同時也讓日後極可能發生的"報復行動"胎死腹中。

"報復行動"可不是隨便說說而已,我們的隔鄰日本在二十世紀末就發生過多起老太太虐待另一半的事件(更早以前也許也曾發生過,只是沒被揭發而已),起因乃過去的日本男尊女卑,把老婆當畜生對待者比比皆是,當施暴者年老體衰時,終於一嚐被反噬的滋味,而被捕的老太太們則一身正氣，有種"替天行道"那味兒。

因為曾在夫妻關係上吃過虧，現在的我特別看不慣沙豬男（奉行"男性至上"主義者），而為了寫這篇，我特地上網查"女性主義"，得到以下釋義——所謂的女性主義又稱為女權主義，這是一套龐大的平權理論，也是一系列社會運動的總稱，最終目的是建立一個性別平等的友善社會⋯⋯

如果讓男性來評論女性主義，估計沒好話，但我有不同的見解——男性不僅不該詆譭女性主義，反而應該大力支持，因為哪裡受壓，哪裡就有反抗，除非能保證自己永遠絕對強勢，否則報應終究會落在自己頭上。

"妳又在寫什麼？"老公見我坐在餐桌前良久，遂問。

"寫你怎麼欺負我。"我答。

"什麼時候我欺負妳了？妳說想吃蘑菇，我不是買了嗎？"

前天我說想吃蘑菇，結果昨天上超市時，他默默走到蔬菜區給我取來⋯⋯

"好啦！我會備註你現在已改邪歸正了。"我說。

"我什麼時候邪了？一直都是正的好嗎？"

親愛的姐妹們，如果您也想要擁有同款（已痛改前非）的老公，請參考我的教程，拿走不謝！

7、DREAM LOVER

疫情期間，拿工作簽證的老外（老公）也無法返回中國，我只好一個人隻身回上海，因為家裡的狗已經待在寵物店的籠子裡長達一年，再不回去解救就太不人道了。

就在分隔兩地（芭提雅與上海）期間，某天，老公告訴我隔壁的二居正在銷售，價格非常便宜。

"再便宜也沒用，錢在你的卡裡，要匯款只能本人上中國的銀行櫃檯匯。"我答。

於是我們眼睜睜地看著便宜的房子被買走，再眼睜睜地看著那房的房價蹭蹭蹭地往上走（現在若想買，估計得付雙倍的價錢），錐心之痛也不過爾爾。

赴泰養老後，我們偶爾會與當年的"競爭對手"打上照面，他們是"洋老頭+中年泰女"的組合，洋老頭胖胖的（一時分辨不出是哪國人），中年泰女則是幹練型，能說一口流利的英語。

平靜的日子過了好幾個月，某天，隔壁傳來重重的敲門聲，由於屋主堅決不開門，敲門聲持續了很長一段時間，大概害怕被鄰居投訴，門最終還是開了，但情況並沒有轉佳，反而換來一頓好吵。

（註：開門的洋老頭聲音很小，幾乎聽不見，顯得大嗓門泰女像是加害方。）

這樣的爭吵前後發生過三次，非常的不尋常，因為泰國人很少吵架（尤其上升到歇斯底里的程度），可見相當詭譎。

今晨，我在家門外為家犬進行出門儀式（噴灑除蟲劑），沒料到隔壁鄰居正好開門。

"Good morning."男主人說。

我還沒來得及反應，另一個陌生的女聲響起："Good morning."

於是我連說兩聲"Good morning"，算是一人給一個。

後來"三人一狗"同時來到電梯口，我很識趣地邊拉狗子邊解釋："我到另一端搭另一部電梯。"

之所以不與鄰居進同一部電梯，表面原因是不願狗子在密閉的電梯裡給他人製造麻煩，實際原因則是那名老外換了新女友，我還不太能面對"物事人非"（以前曾與該男子及其"前"女友在電梯裡相遇，彼此還寒暄了一下），所以找個藉口離開。

到了樓下，想當然爾，我只能看到那兩人的側影與背影，竟意外發現這個男人的新舊女友皆具備"中等身材、短髮、肌肉結實、沉穩幹練"等特點。

這個發現一下子把我拉回到大學時期，當時我就讀的甲班同時擁有全校最美的女生和最帥的男生，校花我已在《我的泰國養老生活 I》一書裡提及，現在就來談談校草。

我們的這位校草身高一米八，體型屬於跑步運動員級別，五官立體，有點兒第一代超人（克里斯托弗·里夫）的影子。在那個大學生大多以自行車代步的年代裡，這位當過兵才來讀大學的校草卻已經開上四輪並且在校外租房住，可見經濟實力雄厚。

（註：當時我校提供免費住宿。）

一開始，我們還曾有"校花配校草"的心理期待，但時日一久，發現那兩人好像不來電，加上校花曾信誓旦旦地表示自己上大學不是為了談戀愛，所以期待的小火苗很快便被熄滅了。也難怪那兩人忽然在大二下學期天雷勾動地火，除了詫異外，我們還有種被欺騙的感覺，不過這種不適感也只維持了一個學期（校花單方面提出分手），連鎖反應便是讓乙班的小敏有了上位的機會。

說起小敏，她屬於人群中的中位數（談不上漂亮，但也不算醜；雖沒什麼才華，但各方面都表現平穩）。若要談明顯的缺點，大概是身高矮了點兒，只有一米五幾，所以偶爾能聽到她自嘲："我得找個身高一米八的男人來改善後代基因。"

顯然，校草是個非常合適的人選，不僅身高，連顏值也一併改善了。

興許是失戀（而且還是被拋棄的一方），我們的校草接受了小敏，而小敏也釋放最大的誠意，譬如幫校草打掃衛生、洗衣服和遛他養的拉布拉多犬等。別看做的只是家務活，每天往返（小敏住校，而校草住在校外，那個年代不流行同居）也很累人，可是戀愛中的女人哪管得了這個，依舊樂此不疲。

這對"高矮配"的戀情持續了一年半，最後還是以校草移情別戀告吹，據說這個新歡是他校的，跟我們的校花是同一款，皆屬於古典美人型。

我曾想是不是每個人的腦海裡很早就設置了"夢中情人"的形象（譬如有人對長髮痴迷，又有人執著於大長腿等）？拿我本人舉例，我對"有男子氣概"的男人特別有好感，再講得具體點兒，大概就是"霸道總裁型"。也就是說，我的內心深處極度想成為"王的女人"，不過自從被"大男人主義"深深傷害過，我現在只想成為自己的主人，對"后位"不再抱有任何幻想，那麼我那位當年百裡挑一的"國王"又是怎麼想的？

"你的夢中情人是誰？"我問老公。

"B杜。"他答。

"別開玩笑，是不是菲比•凱絲？"

菲比·凱絲是美國女演員，以甜美可愛的形象走紅，交朋友那會兒，老公曾對我說他喜歡菲比·凱絲。

"不，是B杜。"

自從被我"教育"後，老公改變了不少，不過我可不想聽假話。

"我是認真的，快告訴我答案！"

"我才不上當！"他嘿嘿嘿地笑，"這是個陷阱，我怎麼說都不對，所以除了'B杜'這個安全答案外，妳得不到其他。"

這隻狡猾刁鑽的老狐狸！我就知道他還想著他的菲比·凱絲（當然是年輕版的）。話說回來，我不也還為當年的夢中情人保留一席之地，好提醒自己曾有過一段帶著憂鬱色彩的青蔥歲月，那麼的空靈，也那麼的刻骨銘心……

8、雞同鴨講

今晨,我遠遠看到一個綁馬尾的男人牽著一條狗,目測那個距離,雙方不可能有交集,哪知我家狗子忽然掉頭且大步流星,迫使我不得不與陌生人打上照面,於是"制式"寒暄又開始了,我也因此得知此人來自俄羅斯,他的狗是蝴蝶犬,公的,3歲,名字叫Biggie。

"你的英語說得很好啊!"我讚美。

"No.No."他笑得很靦腆。

如果不是曾與"連基本英語都不會"的俄羅斯人打過交道,估計我的偏見(但凡白種人,英語都說得不錯)還會繼續,也就不會覺得眼前人的英語有多好了。

由於馬尾男並不排斥聊天，幾番來回後，我丟出埋藏在心裡多時的疑問。

"你拿的是什麼簽證？"我問。

"一開始是旅遊簽，後來換成學生簽。"

"學生簽？學的什麼？"

於是他告訴我學的是英語，一週四次，每次兩小時，學費是30,000泰銖/年。

"一班有幾名學生？"我繼續問。

"十個。"

"都來自哪些國家？"

"俄羅斯。"

"全部都是俄羅斯人？"

"是的，連老師也是。"

這下子我恍然大悟，原來這就是為數眾多的俄羅斯人能長期居住在芭提雅的原因。

"你打算待在這裡多久？"我接著問。

"不確定。"

"直到戰爭結束嗎？"

這次他答非所問，也不知是真聽不懂，還是聽懂了，但故意顧左右而言他。

看說的差不多了，我們彼此互祝對方有個愉快的一天，接著各奔東西。

走了約莫一百米，我和狗子迎上一名泰國男子，他對我說了一串泰語，顯然把我當作自己人。

"薩瓦滴卡。"我答。

（註：我以為對方跟我"話家常"，於是友善答"你好"。）

那人愣了一下，接著說了更長的一串。

" Sorry, I don't speak Thai language."

我以為自己都飆英語了，對方應該會知難而退，哪曉得他繼續追問，只是這次他邊說邊指著我家的狗，末了還伸出兩根手指頭。

老實說，我真沒想到會遇到這麼固執的人，於是伸出一根手指頭。

那男人見狀，終於放棄，離開時還碎碎唸，似乎不相信我一句泰語也聽不懂。

"妳為什麼伸出一根手指頭？"老公聽完我的敘述後問。

"我以為他問我是不是有兩隻狗？我回答一隻。"

"也許他問的是妳的狗兩歲嗎？"

"即使那樣，我回覆一歲也算回答了問題，為什麼他還是給我問號臉？"

老公沉默一會兒後，問我難道不該去學點兒泰語，省得泰國人老以為我"假裝"是外國人？

這個問話讓我想起今天稍早前遇到的那位俄羅斯人，既然芭提雅有英語班可上，泰語班肯定不缺，何況學費也不貴（泰語老師比英語老師好找，依據這個邏輯，泰語班的學費應該頂多與英語班同價或者更便宜些），那麼我該不該報名呢？

讓我好好想一想。

9、防不勝防

昨天,我和老公到芭提雅南部的海邊一遊。去之前,我已聲明不想去遊客扎堆的地方,結果兜兜轉轉後,一個某某Beach的指示牌出現了,原以為是海邊,騎進去之後才發現是家餐廳,菜單上的價格小貴,也沒有我愛吃的菜,可是老公說他肚餓,我只好陪他吃。

老實說,這家餐廳的海景很美,還有一片"紅得可疑"的蘋果樹(其實全是塑料蘋果),拍拍照還可以,吃的就別太期待了。

"吃完飯,妳想幹嘛?"老公問。

"看遊艇。"我答。

從這家餐廳往北望去，能見到為數眾多的遊艇，所以當老公問我想幹嘛時，我自然就這麼答，結果途中，老公忽然喊腰疼，我只好下車幫他買膏藥，偏偏還買錯了（老公要熱貼，不要涼貼），只能重回店裡更換。

"妳再給我18泰銖。"收銀員說。

"不，是17泰銖。"我答。

"是18。"

"79-62=17。"

那人盯著屏幕好一會兒，仍不願相信我說的，為了保險起見（也為了讓我心服口服），她叫來另一名同事，結果那位同事也不確定，兩人磨磨蹭蹭地拿出紙筆計算，最後才同意是17泰銖。

（註：這是退換貨，無法在收銀機上操作，只能心算或筆算。）

"妳幹嘛那麼較真？才1泰銖而已。"老公聽完後對我說。

其實我不是在乎那1泰銖，而是那名收銀員回答18時很理直氣壯，就差當面說我的計算能力不行，我怎能背下這個黑鍋？

後來我們如願來到遊艇碼頭，當時內心還有點兒忐忑，畢竟我們不是遊艇主人。事實證明我想多了，因為非遊艇主人也可在此租遊艇，即使不租遊艇，到豪華酒店的樓下餐廳消費也是可以的。

（註：遊艇主人將船停進碼頭後，通常會入住鄰近酒店，因為遊艇需要清潔和補給，人在船上不方便。）

原以為這些身價不菲的遊艇"只可遠觀，不可褻玩焉"，但崗哨恰好沒人，我便堂而皇之地沿著人工堤岸走下去，也因此拍攝到不少豪華遊艇的倩影（依據商店貼出的二手遊艇價格，中價位大概在五百萬元人民幣左右）。

就在"瞻仰"這些豪華的龐然大物，並且嘖嘖稱奇之際，我碰巧見到3名男性洋人從船上下來，這些人應該就是遊艇主人（若只是租賃遊艇，不會在停舶區上下船，而是在靠近外海處），也就是所謂的"有錢人"，所以我試著從外表上找出頂級富豪與一般人的差距，結果有些意外，因為他們看起來與某些重視形象的高管沒多大區別，意思是我分辨不出老錢味和新錢味有何不同。

（註：老錢指的是"有錢了很久很久"的有錢人，現有的財富主要是繼承而來；

與之對應的是新錢,乃指"白手起家"的有錢人,他們的財富是從無到有,非繼承而來。)

"為什麼我們不能買遊艇?"我問老公。

"妳以為付錢買下遊艇就OK?才不呢!維修、保養、補給、清潔、停泊費、汽油錢等也得算進去,考究點兒的,還自帶駕駛員、廚師和傭人。"他答。

"那麼為什麼我們連這個也負擔不起?"我又問。

老公想了想,給了一個奇怪的答案——這還得怪他的外公和外婆,因為當年只要付10英鎊,就能乘船到澳洲,同時獲得英國政府允諾的一大片土地,結果這兩人在最後一刻反悔了,那土地若擱到現在,還怕不值上億元?

"可是……"

"我知道,"老公搶答,"但最終也花光了。"

(註:有關這兩位老人的傳奇故事,我會在下一個篇章裡詳細介紹。)

拍攝完"別人"的遊艇後,我們往回走,經過酒店餐廳時,我說想喝杯飲料。

"我知道妳為什麼想喝，"老公說，"因為妳想體驗有錢人的生活。"

還真被他說中了！會入住這家酒店的大多是遊艇主人，買不起遊艇，喝杯飲料還不成嗎？

Anyway，我們在那家餐廳算是擁有一段愜意時光，沒想到結賬時卻出紕漏，留下不完美的印記。

是這樣的，我們一共消費280泰銖，我給了1000泰銖。離開餐廳後，我才想起該數一數找回來的錢對上了沒？結果這一數，壞了，因為給的是620泰銖，非720泰銖，直接吃掉我的100泰銖。

"這是故意的！"我忿忿不平地說，"通常找錢是小面額在上，最大面額在下，他們卻把最大面額夾在中間，很容易讓人忘了數最大面額下的張數，還有，服務員就站在旁邊等，除了達到'讓人不好意思當面細數'的目的外，萬一顧客發現不對，還能找個藉口搪塞過去。"

（註：找回來的錢，最上面是20泰銖，中間是500泰銖，下面是100泰銖。）

"算了，才100泰銖而已。"老公答。

我最討厭聽到"才……而已"的說法，100泰銖說多不多，但起碼我得給得甘心啊！

回家後，我對"被騙"一事仍耿耿於懷，最後不得不祭出最近在網上學到的方法與自己和解，那就是心中默唸——允許它發生。

"允許它發生……允許它發生……允許它發生……"

還真別說，幾個小時後我真的放下了，換作從前，恐怕至少得兩天才能翻篇。

您也會為小事煩惱嗎？不妨試試這個法子，也許會有意想不到的效果喔！

10、潑天富貴

接上篇。

昨日夜裡,我把錄影發到家族群裡,公公說那些遊艇看起來棒極了,他希望自己也能擁有一艘。

我的公公已經九十多歲,仍精神飽滿、聲音洪量,按照兒子的說法,公公比我和老公還健壯。記得我們到英國探親時,外出皆由公公開車,其視力和反應力之好,可見一斑,與此同時,我也留意到每當經過"好停車"的彩票店時,公公都會買上一組機選彩票,至於為什麼不一次性購完?公公的說法是每家彩票店的運氣都不一樣,所以必須分開來買,好分散風險和增加中獎率。

話說公公已經如此高齡，卻還熱衷買彩票，這本身就不太理智，因為就算中了，享受的日子也有限。然而有果必有因，他之所以如此執著，乃因家族中曾有人中了頭彩（沒錯，正是老公的外公和外婆），公公認為這種好運氣是會傳染的，所以盡可能每期都買，期待那千萬分之一的概率還會再度降臨。

（註：這也是上篇中，老公提到他的外公外婆錯失到澳大利亞當大地主的機會，而我不苟同，因為去了澳大利亞，代表他們錯失贏得英國彩票大獎的機會。）

"你外公和外婆當年中了多少彩金？"我問。

"我那時候還小，"老公答，"加上大人們有意三緘其口，我更不可能知道，不過中彩後，外公外婆倒是給我買了好多禮物。"

我接著問這對幸運兒中彩票之前是做什麼工作的？老公答他們開了一家雜貨舖，中獎之後便把雜貨舖關了，改開酒吧，而且一開就是三家，結果全部虧損，索性不再折騰，坐上郵輪環球旅遊去，直到把錢都花光了，才又回到英國，此時年紀也大了，順理成章住進公立養老院。

（註：他們選擇公立養老院，可見身上已沒什麼錢，否則應該會入住條件更好的私立養老院才是。）

當我把這件事告訴朋友時，朋友紛紛表示不相信，那麼大一筆錢怎麼可能全花光？肯定還留點兒什麼。

於是我又問老公，結果他答即使留了，也是留給自己的女兒（我婆婆），他怎麼可能會知道？

聽起來有理，我遂把這件事拋在腦後。

某天，我告訴老公——小時候我算過命，算命師說我晚年時會"非常非常"有錢，屬於富可敵國級別。

"How？"老公問。

呃！當年算命師倒沒說是如何致富的，我思忖如果不是中彩票，那便是寫作了，畢竟J.K.羅琳也算得上富可敵國。

老公聽完後笑不可仰，他要我別做中彩票的美夢，因為研究顯示一個人連續打12個雞蛋，個個都是雙蛋黃的機率還比中彩票高。

"可是你外公外婆不也中了？"我問。

"他們的確好運氣,可是妳現在說的是同一家族中了兩次大獎,那是比千萬分之一還小的概率。"

老實說,我認為中與不中的機率各佔一半,因為要嘛中,要嘛不中,全聽老天爺安排(好吧!我承認機率不能這麼算,但情感上我傾向"聽天由命")。

如果老公說的沒錯(我中彩票的機率低到可以忽略不計),那麼致富之道就只剩寫作了,於是我問他:"你覺得我靠寫作能否達到富到流油的境界?"

"比起彩票,這個還靠譜些,不過請快一點兒,我可不想等到老得走不動了,妳才有潑天富貴。"

這……這……這叫我如何加快?

思來想去,我能不能富甲天下就靠各位了,請動動你們尊貴的手指(上購書網站購買本人作品),總不能讓當年的算命師毀了招牌,您說是嗎?

11、淺談師生戀

昨天看了一部依據真實事件改編的泰劇，說的是高中男生愛上自己的老師，結局很美好，可惜落在現實生活中就不是那麼回事了（據說該名老師懷孕後，男學生不想負責，還與前女友復合，簡直太狗血了）。

因為這齣劇，喚起了我那塵封已久的記憶。記得上初中那會兒，我喜歡上我們的數學老師，在我的眼裡，他哪哪都好，連捲袖子的動作都酷到不行。後來我聽說他的太太胖胖的，頓時心生憐憫，因為他值得更好的。

（註：當時的我認為一胖毀所有，是原罪，救不了了。）

不過年輕人的愛終究來得快，去得也急，上高中後，我便把數學老師忘在腦後，改喜歡上教官。說起這名空軍教官，他的五官分明，帶著英氣，一看就很正直，還總穿上天藍色的制服，於人"遨遊天際"的遐想。不諱言地說，我完全被他迷住了，這大概是悲慘的高中生活中唯一上了色彩的部分。

進大學後，由於上課老師的年紀普遍偏大，實在"暗戀"不起來，看來看去，也只有教哲學的W老師還養眼些。聽說此人本來是學理工的，某天，在圖書館內隨手拿起一本探討哲學的書，從此便深陷進去，換了科系不說，人也變得不爭不搶、不急不躁。

雖然W老師溫文儒雅、玉樹臨風且歲數不大，可惜沒落在我的審美點上（我喜歡男子氣概爆棚的人，他文弱了些），所以只當他是一道"不難看"的風景，完全沒料到這風景有一天會被P給一鍋端了。

在《我的泰國養老生活 I》一書中，我曾提到自己就讀的甲班同時擁有校花和校草，如果校花人選有後補名單，P應該能進前十。也就是說在顏值這一塊，

P與W老師可謂旗鼓相當，但在家境這一塊，差的就不止一星半點了。

"我到W老師家做客，"P說，"他家客廳都沒我家的洗手間大。"

"那妳家裡人同意嗎？"我問。

"不同意，一來年紀差了近十歲；二來他的收入一般，也沒什麼進取心。"

"所以呢？"

"我也不知道，走一步算一步囉！"

直到大三，P和W老師的關係仍撲朔迷離，倒是我們的學姐早先一步把某教授的原配給踢走，莫名其妙成了我們的師母。

是這樣的，我們的音樂系"老"教授已經不止一次出軌女學生，兩年前的那次因學生家長強烈反對而告吹，沒想到兩年後還是成功牽手另一名學生，奇葩的是被踢走的師母以前也曾是"老"教授的學生，而且同樣是小三上位……

別看我目前以旁觀者的角度來書寫這一篇，中等美女的我也曾差點兒被客座C教授給"吃了"，還好我夠理智（實際原因是此人顏值欠費，而且油嘴滑舌），所以沒掉入陷阱裡。

說起這位C教授，他的標籤如下：

1、歸國博士，為了報效國家，抵擋住成為美國教授的誘惑，果斷回國。

2、有政治野心。

3、老婆家裡有錢，他的留學費用還是丈母娘出的。

有關第一項，我認為水分很大，聽聽就好；第二項應該是真的，因為他後來還參加了地方選舉；至於第三項，這可不是以訛傳訛，而是聽他本人吹噓。按理說，有這樣的老婆應該感激涕零，同時捧在手心裡才是，然而……

"B杜，妳長得很像我年輕時的女朋友。"某次校外教學，C教授走到我身邊對我說。

"噢！是嗎？"

"我老婆一點兒都不了解我，我們已經很久沒睡在一起了。"

老實說，聽到這裡我已經聽不下去，但C教授掌管我的某學科成績，非不得已，我不想撕破臉，還好此時我的同學趕上我，並且與我並排走，C教授這才摸摸鼻子走人。

從此，只要上C教授的課，我總挑最不顯眼的位子坐，然而不管我坐在哪裡，皆無法遁形，因為此人一站上講臺都要問上一句："B杜在哪裡？"

直到發現我，他才開始上課。

後來，C教授果不其然給了我該學科的最高分，可是我一點兒也開心不起來；再後來的後來，我認識了老公，花前月下都嫌時間不夠，哪還有心思在意這個猥瑣男人？

就這樣，人生中的一道坎總算被我有驚無險地跨過去，這還得感謝C教授長得其貌不揚，但凡過得去，我自己都沒把握能全身而退。

這件事讓我思考起一個問題——當眾多女生都在譴責小三時，是否忽略小三也有可能"被"小三（尤指涉世未深的女生）？想當年如果我"心軟"一些，同情C教授沒得到家庭的溫暖，不也成了小三？

回到主題，我認為師生戀的主人翁若是雙向奔赴且均已成年，這件事無可厚非，最怕的是有些老師利用職權逼迫學生就範，那就真的豬狗不如了（當然，一件事有很多面，倘若學生為了得到好成績，同意或主動與老師做"交易"，那也挺豬狗不如的）。

寫到這裡，我忽然想起那位大四時就嫁給音樂系"老"教授的學姐，不知她有沒有成功守住"正宮娘娘"的位子？還是依舊提防著前仆後繼而來的"學妹們"？看來成年人的師生戀未必是問題，有問題的是男女雙方是否已經"定"下來，如果沒有，那才是災難的開始。

12、購票陷阱

自從兒子說要帶女友來泰度聖誕假期，我整個人處於興奮狀態，所以當兒子問我能不能代購機票時，我想都不想，直接答應下來，這也讓我首次意識到如今的網上購票已今非昔比，跟詐騙沒兩樣（個人觀點）。

是這樣的，當我訂兒子的機票時，價格雖有小浮動，尚在可接受的範圍內（事後回想，應該是系統還沒追蹤到我），可是當我訂他女友的機票時卻很詭譎，往返票價一路從一萬五千多元人民幣漲到兩萬一。面對突來的變化，我開始緊張起來，所以當票價降回到一萬七千多元時，我果斷出手。買完後，我往回一看，發現同樣的航班又降回到一萬五千多元，等於白白損失兩千多。

接下來的每一天，我時不時上網查看，每次都有泣血的感覺，因為沒有一次的票價高出我支付的，更悲催的是如果分開來買，往返票價竟然能低到一萬三千元左右。

既然生米已煮成熟飯，我也只能說服自己去接受，哪知兩個禮拜後，兒子竟告訴我假期的去程變動了，由於買的是往返票，去程沒坐上，代表返程也無法使用，這麼一退票，我直接損失了4600元。

我思忖，既然去程不確定，但返程應該無大問題，於是決定先看看返程多少錢，結果這麼一看，又讓我栽了第二次跟斗，因為超級經濟艙六千多元人民幣，而經濟艙卻要七千多，這麼大的便宜怎能不佔？鑑於之前已經損失了數千元，我急於扳回一城（好撫慰受傷的心靈），於是立馬買下，結果回頭一看，經濟艙從七千多元降至五千多，而我買下的超級經濟艙也比自己支付的便宜了數百元。見狀，我真有"撞牆死，以謝天下"的衝動。

隔天，兒子又拋來一顆重磅炸彈，原來在國外買機票，只要提供不得不改期的證明，就能免退票費（啊！我那白花花的4600元，到頭來終究是錯付了）。

見木已成舟，我有氣無力地對兒子說："我已買了返程票，去程你買吧！"

"好。"他答。

"你那裡顯示去程多少錢？"

"八百多英鎊。"

"現在買嗎？"

"現在忙，明天買。"

結果隔天漲到九百多，兒子當然按兵不動，可是接下來的幾天都不降反升，終於有一天他坐不住了，因為票價已經漲到一千五百多英鎊，直接翻了一倍。

"你是不是天天查同一天的票價？"我問。

"對啊！"

"試試查別的日子，地點也換一下，好比巴黎、迪拜、阿姆斯特丹。"

"為什麼？"

"因為系統會追蹤你。"

果然第二天，票價又降回到九百多英鎊。

OK，我承認"系統會追蹤"是自己的"合理猜測"，沒想到還真矇對了。與此同時，我也挺詫異的，原來國外同樣會追蹤啊！

幾天過後，我緊急把手機遞給老公，說："快看，超級經濟艙六千多元人民幣，經濟艙卻要一萬多，我沒騙你吧？！"

"我沒說妳騙我，而是這種天上掉餡餅的事根本不可能發生，妳早該察覺有異。"

"人家怎麼會知道嘛？！"我頗為沮喪，"還以為撿了個大便宜呢！"

（註：知道用了近十年的國內購票網站也開始不老實，我挺心寒的，再想到這或許是全球性的"欺騙"行為，無疑提醒我以後得小心應對，不求完全不被坑，但求能將損失減到最低。）

13、花錢的藝術

前幾天,我和老公去吃旋轉壽司,隔壁坐著一個泰國妹子,年紀很輕,大概二十歲初頭。沒多久,我的目光便從輸送帶上的各式壽司轉移到她身上,並且嘖嘖稱奇。

吃過旋轉壽司的都知道,店內的熱茶是附贈的,計價方式乃依據盤子的顏色,好比這家,白色盤30泰銖,紅色盤40泰銖,黑色盤60泰銖。另外,不在輸送帶上的食物也可單點,當然,價格的區間就大了,兩、三百泰銖一盤的也有。

在此規則下,我見證了那名女孩捨棄了免費的茶水,改叫80泰銖一杯的西瓜汁,而從輸送帶上取下的十幾個盤子中,也以價昂的黑色盤居多,就別提送餐的小火車了（單點的食物由小火車運送），來回起碼七、八趟，看起來都不便宜。

"她怎能吃下這麼多，卻依然保持纖細的身材？"我心想。

結果當女孩喚服務員清點盤子時，我吃了第二驚（她桌上的食物還留下很多，連西瓜汁也只喝了一半）；等她起身去付費，我吃了第三驚，因為她的戰利品不少，粗略算一下，五、六個購物袋跑不掉。

我忍不住目送此人離去，同時試著理清思路。

"妳在看什麼？"老公問我。

"我在看剛剛離開的那個女孩。"我答，"她怎麼這麼有錢？"

"真正的有錢人，妳是看不到的。"

依據老公的說法，真正的有錢人只在固定的地方出沒，平民百姓很難見到。

"我不跟你扯那個。"我說，"你覺得她是真有錢還是報復性消費？"

"妳問她啊！我怎麼會知道？"

由於芭提雅這個地方的特殊性，女孩子想賺快錢相當容易，如果真是那樣，還真令人唏噓。

再講個發生在上海的例子，同樣是浪費食物，但本質卻不一樣。

"快看！那女孩真的什麼都只吃一半。"我對老公說。

老公快速看了一眼後，給出weird（怪異）的答案。

我曾聽說有的女孩為了減肥，東西只吃一半，沒料到自己竟然會親眼見證，瞧！咖喱雞肉飯吃半盤，青花魚吃半條，紅豆湯吃半碗，可樂喝半瓶。

（註：以上不是套餐，她是單點的，可見有意為之。換作是我，減肥期間大概只會點一份主食加飲料，不會再點配菜和甜點。）

"她為什麼不打包？起碼還能再吃一餐。"我喃喃道。

結果老公告訴我——在國外，只有投餵流浪狗才會打包剩菜剩飯，連家犬都不會獲此待遇，因為自己養的狗捨不得讓它吃過鹹的食物。

該怎麼說呢？能不動鍋碗瓢盆就解決一餐，在我看來是美事一件，何況加熱過後的食物也很好吃，所以我向來非常熱衷打包剩菜剩飯（當然是投餵自己）。

接下來的第三個例子是朋友告訴我的，她說她到外地出差，同行的是一位年輕小姑娘，也不知怎麼回事，出差的最後一天竟把手機搞丟了，還好銀行卡還在，不致於吃不上飯。

"如果換成是我，"朋友繼續說，"恐怕開心不起來，除了還得花錢買部新手機，同時也擔心有人會盜取手機內的信息，可是這位姑娘卻異常興奮，出去吃飯也盡挑貴的點，一問起，她答搞丟手機已經夠倒霉了，如果再愁雲慘霧或吃的差，一整天都是不好的狀態，豈不更糟？"

您瞧！這話說的一點兒毛病也沒有，同時還發人深省，因為很多人（包括我自己）習慣於"慘上加慘"，然後在接踵而至的麻煩事中失去方向……

以上三個例子，表面上都是浪費，實則各有成因，給予我不同的啟發，您呢？看得出其中的差異嗎？

14、小白又一章

在《我的泰國養老生活1》一書中,我曾提到流浪狗小白,如今半年多過去了,它依舊無主,不過這不代表它不曾被青睞過,且聽我道來……

話說小白的流浪狗身份被證實後的兩個多月裡,我一度以為它有主人了。

"這是你們的狗嗎?"電梯門一開,我看見搬來沒多久的鄰居領著小白走出來,遂問。

"不,不,吃。"女的答。

由於對方的英語不行,我也不清楚她是否了解我的提問,不過這一男一女帶狗進屋卻是事實。

"看來小白有家了。"我頗感欣慰地想著。

結果隔天出門遛狗,我又發現小白躺在物業辦公室的入戶門墊上,讓我霧裡看花。

接下來的日子裡,我偶爾能見到對門鄰居帶小白進屋或牽小白走出大樓,不變的是戶外仍是小白的長棲之地。

這個現象讓我明白小白只是被帶進屋投餵(物業不允許住戶在公寓樓的公共區域內餵養流浪狗,違者罰款),等吃飽喝足後,又會回到大街上。

這種"半收養"的情況一直相安無事地進行著,直至某天早晨我忽然發現樓底大門外有狗糧和飲用水。

"這是誰放的?待會兒肯定被清潔工收走。"我心想。

果然不出我所料,只半天的工夫,狗糧和飲用水就不翼而飛,與此同時,我也發現小白開始站在樓底下仰望。

"你在看什麼?"一名中年大叔對小白說。

小白不予理會,繼續望眼欲穿。

"這隻狗不知在看什麼？"中年大叔改對我說。

我苦笑著，不知該從何答起，因為答案挺辛酸的——小白看向的是它的"主人"房間，然而陽臺空蕩蕩的，租戶應該已經搬走，這可以很好地解釋為什麼樓底下會忽然出現狗糧和飲用水，那是在做最後的投餵啊！

又過了幾天，當我打算出外遛狗時，忽聞屋外有奇怪的腳步聲。

我邊開門邊有"與某人打招呼"的心理準備，結果發現屋外站著的是小白，嚇得我馬上關門。

"怎麼了？"老公問。

"外面有一條狗。"我答。

"媽的，是誰放進來的？也不怕樓裡有屎有尿。"

老公不知這條狗是來找"主人"的，憑著味道一步步爬到七樓，讓人既心疼又無奈。

（註：為什麼篤定它是爬樓梯上來的？因為狗按不了樓層，即使上了電梯，同乘的"善心人士"也不會知道狗想上到哪一層。）

我在屋內踟躕了一會兒，最後還是決定開門，還好這次小白站得比較遠，看到我和我家狗子也沒多大反應。

"你要找的人搬走了，"我對它說，"應該不會再回來了。"

小白依然安靜地注視著我和我家狗子，也不知聽懂了沒？

爾後，我牽狗走向電梯，小白也跟了過來，但止步在電梯外。

"你走嗎？"我問它，同時按住電梯門的開關。

小白想了兩秒鐘，最後踏進電梯，並且跟著我們走到樓外。

後來的幾天，它時不時又會溜進來，但不再上樓，而是留在底樓"守株待兔"，可是這個願望終究還是落空（它的"主人"沒再出現），它又重新回到大街上或在物業辦公室的入戶門墊上小憩。

"我有點兒懷疑小白是軍犬或搜救犬。"我對老公說。

"誰是小白？"他問。

我只好話說重頭。

"妳為什麼認為它是軍犬或搜救犬？"老公接著問。

"首先，這隻狗是憑空出現的，跟那些地頭犬完全不同，我猜它是走丟了，走著走著就上這裡來了；其次，它的鼻子絕對好使，對門都走了那麼多天，它還能找上門來；其三，它不隨地大小便，可見受過訓練，而且有護人意識，好比以前我和家裡的狗子被小黑威脅時，它就曾出面喝退對方。"

我以為老公這次會問小黑是誰，結果沒有。

"是又怎樣？"老公說，"莫非妳想通知軍隊或搜救大隊？"

我想了想，還是作罷，因為我的"推理"不一定正確，即使對了，"重回崗位"也未必是小白所願，就讓它看看下半生的不一樣風景吧！

15、冬季旅行之北碧府篇

時序進入12月份,泰國的天氣開始轉涼,與其他月份的酷熱比,此時出行反倒更加舒適。

"英國好冷啊!雨還下個不停。"兒子在電話中提及。

"放心,泰國每天都是大晴天,記得只要帶上輕便的衣服即可。"我叮囑。

自從兒子表示聖誕假期將與女友飛來泰國與我們一同度假,我便時刻處在興奮當中,並且為泰國能提供相對良好的氣候而驕傲(是的,能全年短袖短褲上陣也是一種幸福,至少我個人是這麼認為的)。

這一天，千盼萬盼的兒子終於飛來泰國。在機場，我邊拍打他結實的胸膛邊問："你是不是又長高了？"

"沒有，大概是妳變矮了。"兒子答。

聽說人老了會橫向發福且縱向縮水，發福對我來說，那自然是，但身高……依據"仰視兒子的角度又加大"的事實，要嘛我真的年老萎縮了，要嘛他又拉長了（當然，我希望的是他又長高數公分，而非自己變矮了）。

由於兒子的女友C會晚些時候才抵泰，按照計劃，我們三人先到北碧府玩幾天，回頭再與小姑娘會合。

談到北碧府，在泰國屬小眾旅遊區，既然是旅遊區，從事服務業的人員應該多少懂點兒英語，可是第一晚的高級餐廳卻除外，接待我們的女服務員不僅一句英語也不會，還時不時蹦出幾句泰語或者某種"無法意會"的語言，讓我們有些擔憂她是不是全理解了？

事實證明沒有莫名其妙的第六感，她果然端來我們沒點的三碗白米飯（當然是收費的），還把兒子要的牛排換成了肋排。

雖然有失誤，但鑑於此人全程都站在離我們一個跨步的距離，等著隨時被招喚，最後我還是給了小費。

第二天，我們在酒店附近租車，那個看起來像是老闆娘（實則不是）的店員既沒收我們押金，也沒扣下護照，而是指著店內一張約60吋的彩色全身照說："我們老闆是警察。"

我一看，好傢伙，果然是正兒八經的警察，看那架勢和制服上的徽章，官位應該還不小。

上車後，我對老公和兒子說："真好，車主是警察，這代表不會有交警攔下我們。"

"妳怎麼會有如此奇怪的想法？"老公露出難以置信的表情，"人家的意思是休想開車跑路或做違法的事，否則天涯海角也會逮到你。"

"不會吧？"我喃喃道。

沒想到兒子也站在老公那一邊，讓我開始變得不自信起來（果真如此，那簡直天差地別，瞬間就從"友好"變成了"不友好"）。

結果到了還車日，風向又從"不友好"吹向"友好"——店家大門緊閉，打電話過去問，竟然讓我們把車鑰匙留在酒店前臺，連個交接儀式也沒有，被人信任到這種程度，倒顯得之前的"不友好"猜測太小心眼了。

現在來談談北碧府，我的感覺是整個府除了自然景觀（好比愛侶灣瀑布、溶洞等）還有點兒生機外，其餘都被"死亡"籠罩，譬如桂河大橋、死亡鐵路、戰爭博物館、泰緬鐵路博物館、戰爭公墓等，背後都是一樁樁的死亡事故，這還得從1942年談起……

這一年，為緩解海上補給線的不足，日軍強徵6萬多名戰俘和30多萬東南亞勞工在泰緬邊境修築一條長約415公里的鐵路，藉以聯通東南亞陸路補給線。如果以正常的速度進行，大約需要7年的時間才能完工，然而在日軍嚴酷的威逼下，前後只用了17個月，代價便是約有10.6萬人殞命於此，這也是"死亡鐵路"之名的由來。

這起歷史事件隨著英國導演大衛·里恩執導的戰爭史詩片《桂河大橋》而廣為人知，也讓坐落在北碧府的桂河大橋聞名於世，然而此座橋卻不是整條鐵路中最驚險的一段。為了一探究竟，我們從桂河大橋站上車，除了親自體驗這條犧牲眾多生命而完成的"死亡鐵路"外，也想看看死亡人數最多的Thamkrasae站點是怎樣的場景。

火車離開桂河大橋後，視野逐漸開闊起來，遠處可見重巒疊嶂，近處則一片平坦（不是平原就是稻田），實在看不出有何凶險。與此同時，火車上的交易也開始活絡起來，有賣涼飲的，有賣糕點的，也有賣手工藝品的，看起來皆像個體戶（非火車自營）。其中給予我印象最深刻的是賣黃色圓餅的大叔，雖然他托盤上的圓餅看起來很可口，但大叔臉上的笑容才是亮點，那笑容無比真誠，像從內心深處自然發出，無一絲勉強。

"他怎能做到賺取蠅頭小利卻又如此滿足？"我心想。

此時，坐在我隔壁的泰國妹子忽然喊住大叔，要了四個圓餅（我才知道一個圓餅10泰銖，相當於2元人民幣），接著我的目光便轉移了，因為那姑娘不動聲色地吃完一個又一個圓餅，直至全數消滅，期間一滴水也沒喝。

"她怎能做到連吃四個圓餅且完全不用喝水？"我心想。

由於火車到站不報站名，我得一一對照站牌上的站名，免得過站。當車窗外的景象開始出現河流和峭壁時，我猜離目的地不遠了，然而……

" Where are you going ?" 一下火車，警察便攔下我們問。

我指著手機上的站名，得到的答覆是下一站才是，害我們又急匆匆上車。

事後回想，這趟火車應該是特意為酒店客人停下的（河邊有一整排的水上漂浮屋），因為火車時刻表上壓根兒就無此站，這可以從"警察立馬攔下我們"的行動中得到驗證。

到了Thamkrasae站，幾乎大半的人都下車了，可見是個熱門景點。由於離回程的時間尚有兩、三個鐘頭，我們決定先找家沿河餐廳喝冷飲，沒想到期間還發生一件匪夷所思的事——我從餐廳廁所出來，一名洋人攔下我，說他渴死了，問能不能快點兒上飲料？

"我不是服務員。"我答。

"不是嗎？"他喃喃道，似乎不願相信。

回到座位後，我仍耿耿於懷，誤會我是

泰國人也就算了，還當我是服務員，他是從哪點判斷出？

老公開玩笑地說："妳應該承認才是，順便收錢。"

我翻了翻白眼，話都懶得答一句。

離開餐廳後，我們像多數遊客一樣，在鐵軌上拍照，又到山洞裡看佛像，直到回程火車邊鳴笛邊緩慢向我們駛來，這才匆忙上車。

在火車上，我又看到同樣的流動攤販，包括之前那位賣黃色圓餅的大叔，此時他手裡托盤上的餅已所剩無幾，不變的是他依然笑臉迎人。老實說，光為了那燦爛的笑容，都值得花錢買餅吃。

次日是離開北碧府的日子，吃完早餐，我們利用退房前的三小時做最後的遊覽，包括參觀墓園和泰緬鐵路博物館。

"這釘子代表什麼？"在博物館裡，我指著木板上的釘子問老公。

"那代表每個國家釘釘子的技術。"老公指向標注澳洲的木板，"看！澳洲人釘的就是好。"

呃！我實在瞧不出哪裡好，在我眼裡，所有的釘子全是胡亂釘上的。

"那為什麼中國只有一個釘子，而馬來西亞卻有好幾個？"我又問。

這次老公回答不上來，倒是我無意間發現了真相——1個釘子代表死亡人數500名。

（註：答案其實已經寫在上面，只是我一時眼花，沒在第一時間發現）。

"合著你是胡謅的，我這麼好騙嗎？"我追著老公問。

老公假裝沒聽見，抓著兒子開始大談日軍在戰爭中的惡行。

結婚三十載，另一半企圖"毀屍滅跡"，我怎會看不透？結果便是叫囂兩句便放他一條生路。

哎！人世間哪來那麼多蠢夫愚婦？多是看破不說破（即便說破也是點到為止），這才是夫妻的相處之道。

16、冬季旅行之蘇梅島篇

我和老公坐在素萬那普機場的座椅上，約半個小時後，老公望向我身後，說："他們來了。"

我轉頭一看，C的外在形象與我想像的有些出入，我以為兒子會挑一個纖瘦、長直髮的女生，結果卻是豐滿且滿頭捲髮，看起來有點兒電影《鐵達尼號》裡的女主（露絲）那味兒。

"嗨！"我邊向她揮手邊喊。

"嗨！"她走過來與我握了握手，"很高興見到妳。"

C一開口說話，讓我吃了一驚，因為聲音相當低沉，放在京劇裡，妥妥唱老生的料。

在彼此生疏的客氣中，我們四人坐上飛往蘇梅島的班機，抵達下榻酒店時已近夜裡十點，可是工作人員在上完濕毛巾和迎賓椰汁後，好半天都沒消息。

我往前臺一望，那裡擠了五、六人，似乎在商量某事。沒多久，一位像是經理的人走了過來，向我們表示相鄰的兩間房已備妥，但雙床房的陽臺只有一半。

"不，我們要大陽臺，兩間房不挨在一起沒關係。"老公答。

經理離開後，又是另一個十分鐘，再過來時，"經理"問我們雙床房改成大床房可好？

老實說，我就喜歡一人睡一床，但與"半個陽臺"比，我也只能無奈同意，畢竟"兩害相權取其輕"嘛！

哪知經理離開後，又是漫長的等待，我等不下去，直接殺到前臺，此時"經理"已不見蹤影，接待我的是一位微胖的女子。

"很抱歉，女士。"她答，"你們的房間只能安排在不同的樓棟。"

"那也沒關係，我們現在能走了嗎？"我說。

被帶到房間後,我忍不住抱怨,那名女員工再次致歉,解釋因為兩個訂單是分開訂的,沒想到會是一家人,而若想安排在同一棟和同一層,雙床房就只剩半個陽臺的那一間,所以……

我一時混亂,不是已經表示兩間房不挨在一起沒關係,甚至同意雙床房改為大床房了嗎?再說,若真解決不了,也應該提早告知,把我們晾在大廳是什麼道理?難道拖一拖,半個陽臺就會變成一個陽臺?

Anyway,度假最重要的是時刻保持愉悅的心情,所以即使入住時有些小波折,我也選擇遺忘,梳洗過後便早早上床。

隔天,我和老公被海浪聲叫醒,打開窗簾,屋外天朗氣清、海天一色,那叫一個舒暢!爾後,我們到餐廳用餐,並被豐盛的早餐給驚豔到,尤其還有不限量供應的新鮮椰子,真是太幸福了!

"待會兒妳可別吵醒孩子們,C坐了十幾個小時的飛機,應該會很累。"老公叮嚀。

"我知道,十點鐘才會提醒他們吃早餐。"我答。

考慮到C可能會倒時差,所以抵達蘇梅島的次日並沒有安排活動,但早餐還是得吃,何況又這麼豐富,不吃可惜。

哪知年輕人精力充沛,那兩人吃完早餐不僅出外遛達,回來後緊接著游泳,結果第三天出海浮潛歸來,C便有了感冒症狀,估計是剛從嚴寒的英國來到酷熱的泰國,身體還沒完全適應過來就馬不停蹄地折騰之故。

身為東道主的我怎能坐視不管?當然遞上感冒藥和自己的長袖襯衫(C的行李箱裡除了厚實的冬衣外,全是清涼的夏衣,清涼到以吊帶上衣搭配短褲或短裙居多)。據說C後來是吃了藥,但我的長袖襯衫卻給了個寂寞,一次也沒見她穿上,即便颱風下雨,她依然清涼上陣,看得我都替她打哆嗦,若換成自己的親閨女,肯定得說兩句。

由於客人身體微恙,我把預訂的深潛活動往後移兩天,平臺回覆我:"您確定要改期?商家說星期五風浪大,很可能無法出海。"

我心想這天好到不行,肯定是找藉口推脫,所以依舊選擇改期,哪知一語成讖,星期五果然驚濤駭浪,所有海上活動都停止了，直至我們離開蘇梅島，也未見禁令解除。

既然無法出海，只能做點兒別的，否則就太浪費美好的假期了。一開始，我建議開越野車上山玩，C沒拒絕，但看得出是基於禮貌，於是我給出B計劃（看大象），這次C欣然接受，看來這個安排很對她的胃口。

（註：我們參觀的是大象保護營，主要活動是餵大象和幫大象洗澡，不是騎大象或者看大象表演。）

總結蘇梅島給我的感覺，與去過的普吉島相比，無疑更原生態些；再講到美食，由於篇幅有限，在此只挑印象深刻的四家分別述之：

1、XX餐廳

該餐廳因為被周杰倫打卡過，所以在華人圈裡頗有盛名，但老實說，食物只能算中上，畢竟去那裡用餐也不全為了滿足口腹之慾，火舞表演才是重點。

2、YY餐廳

據稱是島上最好的意大利餐廳，但感覺一般，標價倒是與名聲匹配（四個人總共花了七千多泰銖），不過這不是印象深刻的原因，而是當我們用餐時，旁邊的長條桌上坐著穿制服的七、八名警察，另有三位身著便服（從氣質上看，很像大佬）。要知道，這可是一家昂貴的餐廳，最便宜的紅酒都要2000泰銖一瓶，然而這桌客人卻一瓶接著一瓶地開，食物也一道又一道地上，像不要錢似的，害我都替他們捏一把冷汗——怎麼赴宴前不脫掉制服？這也太招搖了，就不怕被人對號入座？

3、ZZ餐廳

算得上蘇梅島之行的最佳餐廳，不論牛排的品質或廚子的廚藝皆屬上乘，價格還沒有YY餐廳貴，很值得一試。

4、OO餐廳

這家餐廳原本不在我們的名單上，若不是ZZ餐廳滿座，而OO餐廳又大言不慚地表示自家的牛排和對面的ZZ餐廳一模一樣，連作法也一樣，我們是不會上當的。

話說回來，若不是"吃傷了"，ZZ餐廳的牛排就顯現不出有多難能可貴了。

在蘇梅島待了八天後，時間來到24號，這天是離開蘇梅島的日子，結果上機前又讓我驚豔了一下，因為機場是開放式的，不論值機、安檢、購物、用餐等，都像在大型的奧特萊斯（Outlets）裡進行，連飛機起降的跑道也近在咫尺，真是大開眼界！另外，機場還提供免費的冷熱飲和小點心，讓人不禁替機場內的飲食店叫屈（有免費的，誰還願意花錢？估計只能吸引到"不把錢當錢"及"不明就裡"的旅客進店消費）。

"接下來，我們要在曼谷待六晚。"上機前，我對兩個孩子說。

"訂的哪家酒店？"兒子問。

"湄南河邊的五星級酒店。"我答。

兒子投來好奇的眼神，我則給予意味深長的微笑……

17、冬季旅行之曼谷篇

打從到泰國養老，我和老公就一直未與兒女們見面，當兒子提出將帶女友與我們小聚時，我思考了一下，給出一個"優惠"方案——英泰的往返機票錢他們付，到了泰國，所有的花銷我們付（但不包括帶回英國的紀念品）。

"媽，妳能不能連往返的機票錢也一併付了？"兒子問。

"不能，因為有付出才會珍惜。"我答。

說這句話可不是開玩笑，舉個例子，如果我全包了所有的旅行費用（包括來回機票），孩子們抵達後，睡到日出三竿再起床是可能的，因為這是不費吹灰之力就得來的"好事"；相反的，如果荷包一開始就大出血（英泰之間的來回機票價格因淡旺季而有所不同，大約在1000～2000英鎊之間），此時心態就變了——既然已經付出這麼多，怎麼也得"玩回本"才行（所以"睡到自然醒"這種奢侈的事，基本可以排除）。

當然，"有捨必有得"，因為兒子是花了錢的，所以我們儘量在食宿和玩樂方面大方，好比訂的是五星級酒店，吃的是豪華餐廳，叫的網約車也是商務型，務必讓他們有"不虛此行"的感覺，這也是兒子的不解之處——怎麼一向節儉的母親會忽然往"鋪張浪費"靠攏？

對此，我的解釋是："為了讓你有面子呀！因為你女朋友同行的緣故。"

然而關起門來說，"讓兒子有面子"只是部分原因，主因還在"利誘"，這是某位臺灣企業家給我的啟發。

話說這位有錢的企業家摳門到了極點，他的孩子們不得不半工半讀完成學業，即使長大後進入家族企業工作，拿的也是死薪水，與其他員工無異，然而自從企業家生病住院後，摳門的他忽然變得異常大方，凡探病的親人一次給一萬塊（不確定是不是這個金額，反正不菲就是），大小同價，導致拜訪的家人絡繹不絕，病房裡每天都熱熱鬧鬧的⋯⋯

這件事給我的啟發是有錢能使鬼推磨，噢！不，應該是"適時補貼的重要性"，所以我不介意花大錢讓孩子們和自己有個愉快的假期，畢竟英國及其鄰近國家也有很多性價比高的旅遊地，想要把他們吸引到地球的另一端，當然得提供相應的誘餌。

Anyway，冬季旅行的最後一站來到曼谷，由於我和老公已經多次拜訪過這個城市，很多景點都已參觀過，譬如大皇宮、玉佛寺、臥佛寺、鄭王廟、吉姆•湯普森博物館、曼谷國家博物館等，所以我讓兒子帶著女友去過二人世界，自己和老公則享受起慢生活，或是躺在酒店的游泳池旁刷手機，或是看房去（現在住的房太小，我尋思買套大的），反正沒"閒"著就是。

在曼谷的行程中，除了吃吃喝喝，我們還特意安排了大城府一日遊和觀看泰拳比賽。先來說大城府，它位於曼谷北邊72公里處的巴沙河畔，曾是泰王朝的國都，從西元1350年建都至1767年被緬甸攻陷，繁榮了數百年，因此留下了不少珍貴的遺蹟，不過現已多呈斷壁殘垣的景象，但那些宏偉的宮殿遺堡、莊嚴的佛像和細緻的雕刻，仍能看出曾經的輝煌。

話說這不是我和老公第一次拜訪大城府，但上次參加的是旅遊團，玩得不夠盡興，所以這次我們改包一輛商務車前往，10個小時也不過681元人民幣，比起旅遊團貴不了多少，重點是想去哪裡參觀？想待多久？想在哪個餐廳用餐？凡此等等皆由我們決定，還有比這個更愜意的嗎？

再說泰拳比賽，如果不是兒子想看，再怎麼著我也不會花錢看人"打架"。

觀看結束後，兒子問我的感想，我答我以為會更暴力些。

"什麼？"兒子露出難以置信的表情，"已經很暴力了好嗎？"

沒看泰拳比賽前，我勾勒出的畫面是雙方皆往死裡打，血跡斑斑，然而實際狀況卻是但凡有一方呈現"挨打"狀態，那個"上竄下跳"的裁判便會上前制止，導致"噴出一口鮮血來"的血腥場景自始至終就沒發生過，遑論"被抬出去"這種終極結果。

時間來到假期結束的前一晚，我原本的

計劃是再去吃一次HB（港式茶餐廳），但兒子說想吃壽司，只好隨他意。

隔天（也就是上飛機的日子），我對兒子說："昨晚我原本想再去吃一次HB，因為你沒吃到馬來糕。"

"其實......我已經沒那麼想吃馬來糕了。"他答。

兒子打小就喜歡吃馬來糕，甚至不允許任何人觸碰他的最愛，哪怕只是一丁點兒。如今兒子表示他已沒那麼想吃馬來糕，不諱言地說，我都不確定他是不是我兒子，因為我腦海裡的兒子是但凡有馬來糕，世界就是美好的。

動畫片《玩具總動員》裡有這麼一段——女牛仔翠絲原本是主人的心頭愛，後來主人漸漸長大，不再喜歡她，她被踢到床底下......

萬萬沒想到有一天馬來糕的命運竟會和女牛仔翠絲一樣，再進一步延伸，我還是兒子的最愛嗎？

"你是不是還是最愛媽媽？"趁兒子的女友走開，我覷了個空問。

"......嗯！"

"到底是還是不是？"我不懈地問。

"⋯⋯是。"

記得兒子小時候總說我是他最好的朋友，如今兒子"有所保留"地承認最愛我，我不禁感慨——原來再親的兒子也會變，我能"完全"擁有的也只是他的未成年時期。

"拜拜！也許明年見。"在機場，我對兩孩子說。

看他們漸行漸遠後，我轉身找網約車。

"傷心不？"老公問我。

"沒。"

"真的？"

"真的。"

老實說，若真有負面情緒，那也不是因為面對別離，而是當得知馬來糕不再受寵，進而延伸到自己很可能已不再是兒子的最愛時⋯⋯

然而跨過那個難受的moment，我就自己跟自己和解了，因為不順勢而為，難道要逆勢而行？這種"傷人一千，自損八百"的事還是少做或別做，好好心疼自己才是硬道理，您說是嗎？

18、中年危機

兩個禮拜前，當我遛狗走在小巷裡，有個女人站在約五十米外的陽臺上邊揮手邊喊嗨。

我往前一看，再往後一瞧，應驗了"前無古人，後無來者"那句話（整條巷子就只有我和我家狗子）。

我再次望向女人，"應該、大概、或許"不認識，於是我繼續遛狗。

幾日過後，當我又遛狗時，一名洋女人走過來，說："嗨，妳還認識我嗎？"

我思考了幾秒鐘，終於想起她是誰。

去年三月份，我認識了這位來自荷蘭，年紀與我相仿的女士，她告訴我潑水節過後會回荷蘭，後來我便再也沒遇見她。

"妳從荷蘭回來了？"我高興地問。

"是的，"她看向我家泰迪，"妳的狗還活著？"

我一時愣住，這是什麼開場白？

大概見我沒接話，她繼續說道："我曾經看到妳在小巷裡遛狗，我還跟妳打招呼。"

"噢！原來那是妳，很抱歉我沒認出妳來。"

"沒事，我染髮了，把銀色染成了金色，難怪妳沒認出來，我還跟我老公說那個上海女人還在。"

其實我沒認出她並不是因為髮色（我有老花眼兼近視，能分辨出是個人就不錯了，遑論髮色），而是她原本住在朝南的房，可是她喊我時的所在位置卻朝東，根本不是同一間，我要如何"對號入座"？不過現在不是糾結這個的時候，我得趕緊澄清某事。

"我是臺灣人，"我說，"來芭提雅之前住在上海，這不等同我是上海人。"

"是的，我應該對我老公說——看！那個住在上海的臺灣女人還在。"

我一時分辨不出她是否在揶揄我，姑且"疑罪從無"。

"看樣子這次妳租住在不同的房子裡。"我說。

"沒辦法，我和老公想租小點兒的，可惜沒有了，只能租兩居，為此我們還多付了租金，沒想到離譜的事發生了，現在連押金都不知能不能要回來。"

我問怎麼回事？原來有個人以公司名義購買了該公寓樓的數間房，全部空置，最近才發現物業把他家的房都出租出去，錢落入自己的口袋。此事驚動了警方，將涉案人員全一鍋端，物業當然也換了。這位女士不巧住進有問題的房，好消息是她仍可繼續承租，壞消息是押金可能要不回來了（至少目前還沒個影）。

"那真糟糕！"我說。

"可不是，我琢磨在荷蘭買的旅遊保險能不能給付？估計不行。"

針對此事，我不甚了了，於是她另起爐灶，問我最近都在忙些什麼？

當我還在回憶自己最近都幹了啥時，荷蘭女士插嘴："是不是在研究怎麼吃狗肉？"

老實說，我是一個不願將場面搞僵的人（所以能忍則忍），但她真的惹怒我了。

"不，我不吃狗肉，絕無可能！"我鐵青著臉答。

大概我的臉色嚇到她，她改口是自己搞錯了，日本人才吃狗肉。

日本人吃狗肉？這還是頭一回聽說。姑且不論真假，她的這招障眼法倒是成功轉移了我的注意力。

"我沒聽說日本人吃狗肉，倒是它的近鄰（韓國）是世界上唯一一個養食用犬的國家。"我說。

"是嗎？那真有意思。"

看聊得差不多了，我打算收個尾，問她提著袋子去哪裡？

"這袋子裡裝的是狗糧，我打算去餵流浪狗。"她停頓了一下，"搞不懂為什麼泰國政府允許路上有那麼多流浪狗？"

"因為……它們是……無家可歸的狗呀！"我有些莫名其妙地答。

"我知道它們無家可歸，但至少能蓋個收容所什麼的。話說回來，蓋收容所只能治標，想治本還得把所有流浪犬的蛋給咔嚓掉。"

沒錯，她說的就是Egg（蛋）。

如果談話的兩人很熟就罷了，問題是我和她頂多只能算是點頭之交，這樣的對答顯得粗鄙，讓我渾身不自在，所以看準時機便果斷說拜拜。

回家後，我總感覺哪裡不對勁，就在去年，這位女士還是舉止端莊、談吐知性的淑女，怎麼不到一年的工夫就屢屢說出不合時宜的話，讓人如坐針氈？

我想了想，倘若不是雙重（或多重）人格，那就只剩一種可能性——中年危機。

所謂的中年危機（Mid-life Crisis）乃加拿大精神分析學專家埃里奧特·傑奎斯所提出，簡單地說，人到中年容易產生自我懷疑，為求證明自我，有時會做出奇異的行為。

我已屆入中年，對此深以為然。舉個例子，去年我到普吉島旅遊，期間我嘗試了海上帆傘活動（快艇在海面上急駛，將連結的降落傘拉上天空，從而讓坐在降落傘下面的人能一覽海上風光）。認識我的人都知道我不光是隻旱鴨子，還毫無冒險精神，所以像海上帆傘這類的活動，基本可說是絕緣，可是如今的我卻做出截然相反的行為，難怪兒子看過視頻後會說我有中年危機。

Well，心理學上的理論我不懂，但自己為什麼會去參與海上帆傘活動，我是清楚的，原因就在於人生已經走到後半段，我認為很多事物若再不嘗試，很可能就沒機會了。

把這段心路歷程放在荷蘭女士的身上也許也相通——前半生她以優雅示人（沒人知道她也有粗俗的一面），倘若再不釋放真性情，或許就沒機會了。

以上是我對荷蘭女士的猜測，不一定準確，但我有中年危機一事倒是不假，好比我經常會想"都這把年紀了，還忍受這個幹嘛？"或者"都這個歲數了，還不那個啥？"

除了生命倒計時所帶來的壓力讓我出現奇異行為，醫學科技的進步（好比傳言某某年會實現永生等）也讓我產生奇異思維——我都已經接受死亡了,現在來那麼一齣（這個某某年說晚不晚,搞不好我就搭上末班車）,我是死還是不死?如果不死,代表人生還得重新佈局,煩哪!

"如果人類實現永生,我肯定會離婚。"就在剛剛,我對老公說。

"為什麼?"

"你想哈!永生是什麼概念?一千年?一萬年?人怎麼可能跟另外一個人相處那麼久且不生厭?"

"我就可以。"

"你不可以。"

"要不要打賭?"

哎!就算他可以,我肯定不行,這賭打了也沒意思,徒增恐懼而已。

(註:他若贏了,代表我還得忍耐他一萬年以上;他若輸了,代表我得經常找伴侶或單身一萬年以上。不管哪個,都恐怖至極。)

19、人間清醒

冬季旅行回來後，我很享受在芭提雅的慢生活，連"洗手做羹湯"的苦差事也成了樂趣，畢竟過去的半個月裡，我們每天都外食，所以挺想念自己那"笨拙"的手藝。

後來，慢生活成了老牛拖車，越拖就越無聊，現在連看到藍綠色的果凍海也無法讓我開心，簡直離譜他媽給離譜開門（離譜到家了）。

有句話"旅行就是從自己活膩的地方去到別人活膩的地方"，我深以為然。就在去年（我還在上海），我無時無刻不懷念芭提雅，可是當美夢成真後，卻不是那麼回事（隨著時間的推移，我對這裡的浩瀚大海、綠意盎然、蟲鳴鳥叫、不期而遇的小動物……等，越來越沒有初見時的激情，反倒很想上外地走走）。所以當芭提雅及其周邊都玩得差不多時，我和老公啟程去了普吉島和清邁，最近的這一次則是從北碧府、蘇梅島，一路玩到曼谷。按理說，已經旅遊了那麼多地方，玩興應該不大了，可是就是這麼神奇，我是越玩越帶勁，像打了嗎啡一樣，不是在玩，就是在籌劃怎麼玩……

再舉個例子，不久前的冬季旅行，我和老公曾覷了個空看了一處位於曼谷的河景房，回芭提雅後仍念念不忘，心想如果能住進那樣的房子裡，每天應該都是笑著醒來。然而經過這一陣子的感悟，我發現未必如此，也許剛搬進去的頭幾個月會感覺幸福，久了極可能乏味，就像我目前的心境一樣。

說到這裡，如果您以為我已經厭倦了泰國，那倒也沒有，而是我"偶爾"需要看看不一樣的風景，還好泰國國土的跨度大，既有重巒疊嶂的山景、微波粼粼的河景和碧水藍天的海景，還有大城市的喧囂繁華與鄉村的寧靜樸實，如此多重面貌，我相信只要勤於"出發"，一時半會兒應該不會對養老地（泰國）感到厭倦才是。

前幾天，當我又提議旅遊時，老公意有所指地說："從前的人大多在同一個地方打轉，很可能至死都沒離開過自己的家鄉。"

"我知道呀！"我答，"古代交通不發達，去哪兒都費勁，但我們又不是生活在古代，如今坐飛機沿著赤道轉一圈也只需50個小時而已，誰還老死一個地方？再說，我們的年紀都不小了，現在不出去玩，更待何時？難道非要等到齒搖髮白或拄著枴杖時，再來後悔以前沒出去玩？"

"可是出去玩要花錢啊！"老公無奈地答。

（註：上回的冬季旅遊，我們四人花了約40萬泰銖，折合人民幣8萬塊。）

我告訴他什麼最花錢——如果我不開心，就容易產生心理疾病，而心理疾病也會引發生理不適，那就得看醫生（而且一連看兩位醫生）。

"所以你是寧願我把錢花在看病上還是拿來旅遊？"我接著問。

老公後來舉白旗，按照他的說法，我是越來越不聽勸，他胳膊擰不過大腿，只能投降,還好我不再提買房,就當是把買房錢拿來旅遊吧!

嘖嘖嘖……說得好像我很不理性似的,其實我才是人間清醒的那一位,人都已經入土一半了,當然得盡可能地走遍、看遍和吃遍全世界,這才不枉此生,您說是嗎?

20、飛越瘋人院

今天，我和老公到7-11採購，轉了一圈，我倆各自拿上東西到櫃檯結賬。

等了好一會兒，櫃員才拋下前面的客人，另開旁邊的櫃檯幫我們結賬。通常的情況下，老公會先抱結完賬的水回到摩托車上（畢竟水很重），今日也不例外。

"254泰銖。"櫃員對我說。

我掏出錢包，給了櫃員1000泰銖，此時，站在隔壁櫃檯的"前"客人忽然用俄羅斯語問我話，我的餘光掃到老公趕回來了。

"I don't understand."我對那個年輕人說。

話一答完，那人又用俄羅斯語轟炸我，而且眼神極其不對勁。

我看了看櫃員，又回頭看了一眼老公，這兩人心領神會，開始輪番向那人解釋我聽不懂俄語，可是這個人就是不死心，依舊向我輸出，那種感覺很奇特，我既像是他的救命稻草，又像是該為他目前的處境負責的人。

"I don't understand, sorry." 我邊答邊把找回來的錢放進錢包裡，心中一度害怕他會過來搶我的錢包。

回家後，我問老公為什麼踅回來？他答那個人在我們之前就已經跟櫃員雞同鴨講好一陣子，他猜此人若不是吸毒，就是有精神疾病，所以走到門口又特意踅回。

"算你有良心，懂得回頭救老婆。" 我說。

"哎！這年頭除了防壞人，還得防精神病患，前者還有法可治，後者就治不了了，只能自認倒霉。"

老公的回答喚起我更早以前的記憶，那時我們全家還住在澳大利亞，好巧不巧就讓我碰上一名精神病患，且聽我道來……

話說那天我開車到商場購物，等我停好車，正準備跨出車外時，一個人影快速跑來，我以為她要上緊鄰的這輛車，所以將腳縮回，接著關上車門。

"沒關係，妳可以先下車。"車外的女人對我說。

基於禮貌，我讓她先上車，但她還是禮讓我，並且自行退出去，我只好下車。當我走到車尾處時，我還對站在那裡的人微笑示意（感謝她讓我先下車）。

等我拉開後車門，打算抱起坐在兒童座椅上的兒子時，我的腦子才把前幾秒眼睛所傳來的信息消化完畢——那個女人穿著中學生校服，綁著兩條麻花辮（但臉分明是個中年人），手裡拿著一把刀，刀尖朝下……

想到那把閃著寒光的刀，我把解開的安全帶重新替兒子繫上，接著關上車門，退到車頭處。

"妳怎麼了？"那女人上前兩步問。

這次我清楚地看到她的刀，不是自己眼花。

"沒什麼。"我答。

對視幾秒後，這人忽然衝上來，同時喝道："把該死的車鑰匙給我！"

我拔腿就跑，邊跑邊遙控車子鎖門。車內的兒子見我跑了，哭得撕心裂肺，我已無暇顧及，而是極目尋找有沒人可以提供幫助，可惜諾大的停車場雖然停滿車，但似乎沒有走動的人，於是我往商場入口跑去，還好沒多久便看到一名壯漢和他的女伴推著超市購物車往我的方向走來，我趕緊攔下，告訴他發生了什麼，他立即去追那個拿刀的女人，而他的女伴也通知了商場。過了一會兒，那名壯漢和商場經理一前一後來到停車場，壯漢說"嫌疑人"後來又攔下一位車主索要車鑰匙，但沒成功，人已經往市中心的方向跑去，而商場經理則為發生的事向我致歉，接著問我要不要回她的辦公室喝一杯茶？

我心想都什麼時候了，還喝茶？果斷拒絕後，我回到車上，兒子已經哭成淚人，讓我心疼不已。

當天，我將此事告訴身邊所有的朋友，她們皆建議我報警，連老公也這麼說，理由是如果放任此人在外，還不知有誰會倒大霉。

沒辦法，為了當好公民，我只好上警局報案。接待我的警察一副不太情願的樣子，甚至一度懷疑我報假案，譬如質疑我如何能做到邊逃跑邊鎖車門？

"用遙控器啊！"我答。

（註：當時多數人仍使用車鑰匙開關車門。）

提供了事情的來龍去脈後，我以為自己可以走了，孰知還有下一個步驟——指認。

警察掏出好幾張畫卡（光眉型就有十幾種），讓我協助拼湊出嫌犯的樣貌。

老實說，對方除了在我的腦海裡留下"與我等高、金髮、麻花辮、校服、中年婦女"的印象外，其餘皆很模糊，可是此時若回答記不得了，恐會被認定報假案，我只好硬著頭皮指認。

"像這樣？"警察邊把拼好的畫像給我看邊問。

"差不多。"我答。

就這樣，一個"好像是嫌犯"的畫像出爐了。

幾日過後，同一位警察打給我，表示嫌犯抓到了，已經送回精神病院了。

"送回精神病院？"我特別加重那個"回"字。

"嗯！妳遇到她的那一天，她剛從精神病院出院。"

我倒吸一口涼氣，這運氣也太背了吧？！

"妳還有什麼要問的嗎？"警察問我。

"沒有。"我停頓了一下，"等等，如果……我是說如果，如果那個女人拿刀殺我，她是否無責？"

"精神病人能擔什麼責？頂多在精神病院裡待久一點兒。"

掛斷電話後，我沉默良久，回想當我彎腰解開兒子身上的安全帶時，那人完全可以從背後偷襲，甚至也給兒子來一刀，以當時"杳無人煙"的狀態，估計好幾分鐘都不會有人發現，她完全有充裕的時間開車逃逸（當然是我的車）……

以上是我（和兒子）離死亡很近的一次，能全身而退真是上天保佑，幸哉幸哉！

21、表面功夫

每隔一陣子的清晨,我總能見到兩個胖胖的女人共騎一輛摩托車來到三巷(這不代表她們每隔一陣子才來,而是我每隔一陣子才與她們相遇)。這兩人的工作是打掃巷子,流程一般是這樣的——每騎一段便停下來打掃,打掃完拍照,接著騎車到下一段打掃……

這個流程看似行雲流水,其實只是做做表面功夫,好比畚箕裡的垃圾很少倒進垃圾桶(垃圾桶不是隨處都有),而是倒進道路兩旁的樹林裡,至於那令人作嘔的狗糞則"藏"起來,如果不是在禁止停車的牌子後面,很可能就在路邊花臺裡,反正只要不被照相機捕捉到就行。

這個聽起來挺泰式的，估計若不是有拍照要求，這兩人大概逢初一、十五才來，把懶散進行到底……

有句話"工作只是生活的一部分"，但說歸說，真正徹底實施的還得是泰國人，他們是我見過最懂得及時行樂的一群，好比經常聚集在海灘或公園唱歌、閒聊、野餐等，甚至工作當中也能偷閒，而且貌似還很享受這種偷來的快樂。

不懂？好，讓我舉個例子：我們樓裡僱了一位清潔工，她的工作是打掃公共區域，拿每層樓的走廊來說，即使不是天天打掃，一星期打掃兩次不過分吧？！但這位清潔工就是有辦法做到兩個禮拜也不打掃，證據便是有人弄髒了地板，留下幾處小黑點，而這幾處小黑點一留便是兩個禮拜（我猜想清潔工只是遠遠瞄了一眼，貌似很乾淨便決定不打掃了）。既然清潔工拿錢不做事，那麼白天漫漫，她去了哪裡？答案是垃圾收集區旁邊的平臺。此平臺約有一個King Size的床墊大小，估計在上面打兩個滾都沒問題，而且位置極佳，就在公寓樓的邊緣，代表正常情況下"應該"不會被打擾，而且鄰近花園，採光和通風都好。這可以解釋為什麼"禁止小狗大小便"的牌子會被移到這個區域，因為我們的清潔工經常躺在平臺上納涼，或刷手機，或聽音樂，或吃點兒小零食，她可不願被狗糞和狗尿壞了一天美好的心情。

瞧！這"忙裡偷閒"的精髓可說是被我們的清潔工拿捏得很到位。

再舉個例子，某日，朋友的空房需要打掃（我倆的房子在同一棟樓），我便幫她預約，結果被告知打掃時間安排在三日後。

"能不能今天打掃？"我問。

"不行，清潔工上午得打掃公共區域，下午才接活，而且每天只接一個活。"物業人員答。

聽完，我的腦海裡立即浮現清潔工躺在平臺上翹起二郎腿的情景。

好了，到了約定打掃的隔天，我上門檢查，該怎麼說呢？最髒的陽臺肯定是打掃了，其他則不好判斷，因為每個人的標準不同，硬要吹毛求疵的話，那自然是不合格的。

我以為這件事就這麼過去了，直到三個月後（當我去交水電費時）才又吃了一驚，因為物業人員"主動"把朋友的賬單遞給我轉交。我一看，好傢伙，沒人住的房子在十月份多出258泰銖的電費，折合人民幣五十多元，而那個月份正是房間被打掃的月份。

話說朋友的房子只有28平米，從未入住過，就算使用電器打掃，那樣小的面積能耗多少電？我的合理猜測是——清潔工打掃完畢便留下來吹冷氣，直至規定的收工時間到了（下午五點）才離開。

攤上這麼一個懂得偷閒的清潔工，的確讓人心寒，但我選擇隱忍（只要未踩到我的底線，我可以睜一隻眼，閉一隻眼）。然而我能忍，不代表別人也能忍，果然某天便改朝換代了——懶惰的清潔工不見了，換上一張新面孔。

新來的倒是很積極，經常能見她彎腰打掃的身影，而我也只能期待這份熱情能維持得久一點兒，畢竟對於三分鐘熱度的泰國人而言，"天長地久"的熱情顯得很天方夜譚，何況這份工作也沒什麼值得興奮的點，除了能在平臺上打滾外，就只剩微薄的工資了。

22、被錢整瘋後的奇思異想

2022年下半年，我賣掉國內的兩處房產，至今仍有人說我好運氣，如果擱到現在，房價下跌不說，還少有人問津，怎一個慘字形容？

我也認為自己運氣好，恰恰在房價的最高點賣出，而且當時美元兌人民幣的匯率也佳，約在1比6.85（今日匯率是1比7.26），不過這不表示匯款至國外就毫無波折，事實上為了這筆賣房款，我和老公跑斷腿，最後才順利匯出。原以為這件事就這麼結束了，結果來泰兩個月後（也就是將錢匯至香港的兩個月後），某日下午我接到香港開戶銀行的電話，問我為什麼要把錢匯到美國？還有，匯款由第二聯名人匯出，此人與我是什麼關係？

當時我著急下樓搭網約車，於是對方說會在隔日某時再打電話過來。

掛斷電話後，我把發生的事告訴老公，老公很不解，這還是香港銀行嗎？怎麼儲戶動用自己的錢還得上報？

次日某時，對方真的來電，我沒接聽，他便一次又一次地打，把老公給惹毛了，按下接聽鍵便是一陣輸出，這才終止"騷擾"。

是的，我認為這就是騷擾，首先，錢已經匯出去，所以不存在"防詐騙"一說；其次，銀行問我為什麼要匯款到美國？這就奇怪了，我為什麼不能匯到美國去？也許國內匯款到國外不是那麼便利，但香港是境外，而我和老公拿的又是外國護照，匯到美國不挺正常的？其三，聯名賬戶的意思是聯名人都可以利用此賬戶匯款或收款，那麼由我老公匯款不挺正常的？再說，這時候才想起要問我和另一位聯名人的關係豈不可笑？就算要問，那也是開戶前問；其四，我和老公只是一介平民，安分守己了大半輩子，存款還不及有錢人的零頭，除非有真憑實據,這種預防性（或秋後算賬型）的詢問根本無意義,也浪費人力,倘若真要做惡,還會實話實說嗎?當然是編造理由搪塞過去。總結一句就是——此舉乃"防君子不防小人",到頭來只是噁心君子而已。

（註：從關境的角度講,港澳屬單獨關稅區,相對於內地屬於"境外"。）

有關"錢被管"的煩惱事還不止此,去年12月,當美元兌換泰銖的行情好時,我們就想換一些當生活費。老公說兩萬美元足矣,我不同意,因為匯款有手續費,在匯率好的情況下就應當多換些才明智。老公後來從了我,換了5萬美元,事實證明我是對的,除了現在的匯率不如當初外,還有"突如其來"的政策問題——從今年一月起,國外匯款至泰國將計入徵稅。

針對此變化,我挺吃驚的,因為泰國不允許拿養老簽證的人在本地就業,意思是養老人群只能從國外匯生活費進來,可是免稅額度又不大（買個昂貴的包,基本就額滿了）,除非節儉度日,納稅將無可避免。

此政策一出,受影響最大的無疑是想舒

舒服服養老,卻又被迫抑制購買慾的中產階層,好比我和老公。

(註:低收入者,此免稅額度足矣;高收入者,多的是避稅方法。)

"泰國應該鼓勵消費才是,"我不滿地說,"這麼一整,誰還敢大手大腳花錢?"

"我猜這只是第一步,"老公答,"泰國最終會像美國一樣,海外收入除了被所在國扣稅外,還要被居住國扣稅,等於被剝兩次皮。"

以上是老公的個人觀點,不一定準確,但卻給予我想像的空間。

"你說我們為什麼需要被某些人管著?"我問老公,"自己管自己不行嗎?以前的猿人就是自己管自己。"

"因為個人比不上群體的力量,所以猿人滅絕了。"老公答。

我也知道這是事實,但腦海裡不免天馬行空起來——如果人類未曾意識到"積力之所舉,則無不勝也;眾智之所為,則無不成也"的大道理,現在的我們仍是滿山奔跑的猿人,每天只需煩惱如何飽腹一日,沒有同類管著,也無需遵循條條框框,只要不被野獸一口吞,基本實現"絕對"的人身自由,豈不快哉?

哈!這就是我的"烏托邦"世界(非常的簡單粗暴)。

23、有關泰國買房和租房

我家樓底下的烏克蘭文化交流中心某天忽然成了烏克蘭大使館（非領事館），當我把這個消息告訴朋友M時，一開始她認為這是一件好事。

"可是我們樓裡有好多俄羅斯租戶呢！"我說。

（註：俄羅斯和烏克蘭正打得不可開交。）

經我提醒，M轉而批評烏克蘭政府怎麼可以把大使館設在居民樓？再說，大使館不是應該有衛兵守衛嗎？

這也是我的不明白之處，我猜測是戰爭掏空了國底，烏克蘭政府只能變著花樣省錢，不過它的這套省錢法倒是嚇壞了我，因為我們的公寓樓只在夜裡僱用一名保安，而且看起來完全沒有戰鬥能力，萬一俄羅斯人投下一枚炸彈，住在樓裡的人豈不遭殃？

我的擔憂很快便被老公的三言兩語給化解了，理由是——會潛逃到泰國的俄羅斯人一般都站在戰爭的對立面，換言之，皆是和平人士。再說，泰國在國際上一向沒什麼影響力，加上對外政策採多方討好，妥妥的騎牆派，所以俄羅斯若要炸大使館，也不會選擇在泰國動手，因為太"名不正，言不順"，倘若一意孤行，還會落下一個"欺負弱國"的惡名。

好了，為什麼我會第一時間告訴朋友M？因為她買的房也在同一棟樓，是我的樓下鄰居。

說起M買的這個房，一開始還不是花費很多，尤其當時的匯率很友好，能達到5.6比1，但後來發生的事卻在原來的基礎上多出了三萬多元人民幣，加上房屋一直空置著，租金方面的損失差不多也有四、五萬元，等於蒸發了近十萬，為何如此這般？且聽我道來……

當開發商通知業主收房及辦理房產證時，M認為不急，反正餘款付了，每年的物業費也繳了,何況疫情期間也不方便出國,所以遲遲未收房及辦理房產證,這麼一眨眼,五年過去。某天,同為此公寓樓的業主G收到一封郵件,大意是這棟樓已銷售一空,開發商將在年底註銷公司(這是業內普遍的作法,以防日後業主因某些原因控告開發商),若不及時辦理過戶,後果自負!

奇怪的是這封"最後通牒"只發給G,未發給M,還是我多嘴通知了M。

既然最後通牒已下達,朋友G和M便著手準備過戶,這才發現過去所犯下的拖延症必須用五萬多元人民幣來償還,理由千奇百怪,譬如代收業主文件等。

據G的說法,一開始她還好言好語,但對方不理不睬,於是她也強硬起來,揚言要告開發商。

"跨國打官司很勞民傷財。"我說。

"我知道,只是嚇唬一下,若對方真的耍無賴,我也無可奈何。"G答。

後來也不知怎麼回事,反正打了折扣,從五萬多降到三萬多,G也就順著臺階往下走(付錢了事)。

輪到M，她自然也付了那打完折扣後的三萬多元"拖延費"，但由於種種原因，直到今年的一月中旬才辦妥房產證（還是由我幫她去取）。

又過了一個多月，M和妹妹才終於飛來泰國，此行除了拿房產證之外，還想把空置多年的房子給出租出去。

講到出租，我們這棟樓其實還滿受租客歡迎，但提起租金收入卻很肉疼，因為託管費高達25%，等於一年有三個月的租金都被仲介拿走了。

再說說房東該提供的房內配套，除了傢俱、鍋碗瓢盆外，小小的陽臺竟然還要塞進觀景桌椅和晾衣架，屋內還得配備保險箱。另外，某些消耗品也歸到房東頭上（譬如浴巾、床品等），日後若有維修費用的產生，自然也是房東支付，而仲介打款給房東（僅限泰國銀行賬戶）也不是免費的，每次收費250泰銖。

有人說泰國的房產是真的"不動"產，因為賣也賣不掉，租也租不出去，只能爛在手裡，對此我有不同的見解。拿賣房來說，不是二手房難賣，而是仲介賣新房能拿更多佣金，誰還會去推二手房？至於出租，那得看地點和屋況，兩者若好，還是很容易出租出去，只是七扣八扣下，到手並沒有想像中那麼多。

再來談談需不需要買房的問題，如果打算長居泰國，我認為買房還是值得的，因為租房的費用并不低，如果想以租代買，房租將會是一筆不小的支出。

（註：在泰國，物業費由房東支付，而且還不少，加上託管費高達租金的25%，房東實際到手並沒有那麼多，但不代表租客就支付得少。）

有些人在網上宣稱只要月付五、六千元人民幣就能住上泰國大別墅，但這些人沒算上買車錢、油費和花在交通上的時間損失，因為月租金五、六千元的別墅多在郊區，周邊配套沒那麼好，上一次市區恐怕得有長時間耗在路上的心理準備。

曾有一位居住在泰國曼谷的博主分享他的租房經歷，話說他曾在市區別墅和郊區別墅之間猶豫，最後還是租下比較便宜的郊區別墅，結果一個月下來，花在打車上的費用竟比租金還高（他在市區工作，不會開車），這麼一合計，倒不如住在市區別墅，生活便利不說，還不用來回折騰……

如果您也有長居泰國的打算，我建議您先租房，等熟悉之後再決定買不買。倘若決定買房，房齡在十年內的二手房可以掏一掏，應該還能撿到性價比不錯的，當然，不差錢的土豪可以直接入手新房，畢竟"住新房能旺3年"（臺灣人的說法）。

24、三人成虎

泰國首都曼谷有個娜娜廣場（Nana Plaza），這是一棟三層樓的U形建築，內部有各種酒吧和鋼管舞表演，算是紅燈區吧！

本來一個城市有紅燈區也不是什麼新鮮事，畢竟食色性也，我甚至認為性工作者被集中管理是好事，然而就在不久前卻發生一件匪夷所思的事——有個居住在曼谷的中國籍博主特意穿上性感的衣服走在娜娜區，當然收到不少男人的注目禮，後來她將那些大叔的猥瑣模樣上傳至網上，藉此提醒來泰旅遊的女性要小心人身安全。

此視頻一經公佈，泰國官方炸了，揚言

要取消她的簽證,這名博主才火急火燎地公開道歉。

該怎麼說呢?女人穿著清涼地走在紅燈區,基本就是昭告天下"我是賣的",所以有男人投來色眯眯的眼光不挺正常?很明顯,這位博主有"抹黑泰國賺流量"的嫌疑。

話說這已不是泰國第一次被抹黑,好比當年我在朋友圈發佈自己在芭提雅買房的消息時,一些朋友很擔憂,因為"聽說"東南亞不安全,尤其是泰國,其中一位甚至給我發來一段公共攝像頭拍下的畫面,內容是某個白人女子在泰國的某個景點遇到一名泰國男人,彼此還打了招呼,待女人上山後,那名男子尾隨其後,接著性侵了對方。無獨有偶,當時網上還盛傳一件非常詭譎的事——有個女人到泰國旅遊,當她在試衣間試穿衣服時,一道暗門悄然打開,該女子就這麼被拖了進去,接著成為暗網的拍賣物之一……

(註:暗網指黑暗網絡,只能通過特殊軟件、特殊授權或對電腦做特殊設置才能訪問。)

關於朋友發來的視頻,我不排除其真實性,但這類案件可不止泰國有,如果以此來判斷泰國不安全，有失公允。再說那則傳言，根本就漏洞百出，我只能呵呵一笑，但相信的人好像還不少，因為評論區幾乎一面倒地互相提醒——泰國危險，千萬別去！

我以為再怎麼以訛傳訛，終有消停的時候，哪知疫情過後，"到泰國會被嘎腰子"的說法緊接著甚囂塵上，並且越演越烈，連我都忍不住替泰國叫屈，因為身處泰國的我並沒有感覺到自己的腰子不保，相反的，這裡就是一副歲月靜好的模樣，白天走在路上完全可以安然自若。

（註：嘎腰子是東北話，嘎是切，腰子指腎，所以嘎腰子的意思是切除人體的腎器官，好移植到患者身上。）

這件事離奇的點在於明明一開始傳的是緬北嘎腰子，結果傳著傳著，另一個版本出現了——將人騙到泰國，再以陸路運輸的方式將人送至緬北。可想而知，泰國就這麼躺槍了，更離譜的是始作俑者（緬北）漸漸被人遺忘，反倒"禍從天降"的泰國從此與嘎腰子劃上了等號，怎一個冤字了得？

"B杜，泰國安不安全？"打算來泰辦理房屋過戶手續的G問我。

"安全啊！"我答。

"不是說會噶腰子嗎？"

"至少我的腰子還在。"

根據醫學上的說法，腎臟的保存時間很短（頂多24小時）且取腎手術的難度極大，另外，配型也是關鍵，因為器官移植成功後還得克服移植後的排斥現象。換言之，噶腰子必須"天時、地利、人和"全配齊了才有可能大功告成，否則白噶了。

幾個月後，換M來泰辦理房屋過戶手續，她問我開往芭提雅的大巴停靠站離我們住的公寓樓遠嗎？

"有一段距離，"我答，"妳何不在機場叫輛網約車？"

"如果不用等很久，我還是想坐大巴。"她答。

後來M與妹妹雖然還是叫了輛網約車，但據說在兩個小時的車程中，她倆輪流睡覺，以防司機圖謀不軌。

等抵達公寓樓後，M問我芭提雅幾點天黑？還有，三巷有很多樹林和空地，夜裡行走安不安全？

我回答大概七點才會全黑，至於安全問題……夜裡能不出門就不出門，舉世皆然。

後來這對姐妹花多次打車上市區，每次總會給我發來網約車的照片（包括車牌號），我能明顯感覺到她們的焦慮與不安……

其實放眼天下，每天都有燒殺搶掠的事情發生，這不光是某個國家的問題，全世界都一樣，但為什麼罪惡的印記偏偏烙在泰國身上？我認為起因很可能是為了流量，也許一開始並沒有特意將槍口對準泰國，但見抹黑泰國能帶來關注後，遂集中火力對這個國家造謠，口耳相傳的結果便是每當提到泰國時，潛意識就會跑出來"不安全"和"噶腰子"，應驗了那句話——三人成虎。

從我（長住居民）的角度來看，但凡有基本的保護意識，不刻意讓自己置身於危險之中，泰國的安全指數還是挺高的，所以您若想到泰國旅遊、陪讀或養老，大可放心前來！

25、雙刃劍

朋友M和妹妹好不容易來一趟芭提雅，抵達時已近下午三點，我問她倆今天有什麼計劃？

"我們想先打掃一下屋子，然後趁天黑前去7-11買點兒東西。"M答。

這句話的解讀是"晚餐就以7-11的微波爐餐解決"，我怎能允許這樣的事情發生？

"待會兒我帶你們去網紅餐廳吃飯吧！"我說。

"遠嗎？"M問。

"在一巷，直線距離不遠，但得繞。"

在《我的泰國養老生活1》一書中，我曾經提到我住的三巷與二巷呈U字型

（在國外，這種U型巷頗受歡迎，因為代表安靜），壞處是想到四巷或一巷得回到大馬路再重新進入，所以有些人便走起捷徑（穿越樹林），這種"省時"現象不止發生在三巷與四巷之間，二巷和一巷之間也是。

"瞧！從這個樹林穿過去便是一巷，要試嗎？"我問。

兩姐妹看了樹林一眼後，表現出興趣缺缺的樣子，這正合我意，因為我怕草叢裡有蛇。

既然達成共識，我們仨便繞"遠路"走，途中我還介紹了在《我的泰國養老生活1》一書中所提到的"夢中情屋"。

十幾分鐘的步行後，我們終於抵達網紅餐廳，它就蓋在懸崖上，底下是浩瀚大海，可見景色會有多壯觀，難怪拍照打卡的人絡繹不絕。

就在用餐期間，M提到若有機會的話，她想把兩個孩子（雙胞胎）送出國。

"送孩子出國是把雙刃劍，"我有感而發，"因為他們很可能接受西方思維，包括父母與子女的關係。"

傳統的中國思維是父母養育子女，子女為父母養老送終，兩者之間的邊界感相對模糊，可是到了西方卻大不相同，舉個例子，疫情期間我和老公飛到英國，當我們和女兒外出用餐時，她問起要如何買單的問題。

考慮是自家人，我答："由我們來買吧！"

"妳確定？我可以付我的那一份。"

女兒的這個聲明（付掉自己的那一份，而不是全買單）倒不如不聲明，因為我反而感覺不自在。

吃完飯也買完單後，女兒跟我們道謝，我心想怎麼這麼生疏客氣？以前（她未成年時）不一直都是我們付？也沒見她道謝過。

後來行經中國超市，我們進去逛了逛，女兒買了一大瓶臺式奶茶。

"妳喜歡喝奶茶？"我問。

"不是很喜歡，但我男朋友沒喝過，所以想讓他試試。"

聽完，我的內心很凌亂，好傢伙，怎麼不見妳幫父母買奶茶？

至於兒子，他當然也是西方思維，好比我問他會不會照顧年邁的我和老公？一開始的答案竟然是NO（這無疑是顆原子彈，把我炸得面目全非）。等我把24孝的故事舉例完畢，再述說我和老公的不易，他終於鬆口，不過也只是從"不照顧"變成了"請人照顧"。

說這些可能很感傷（譬如懷疑自己含辛茹苦為哪般？），不過我很快就接受了，因為是我親手把他倆送到英國，那麼他們擁有英國人的思維不挺正常？如果居住在西方，心卻向著東方，那才需要擔心，因為這樣的人很難融入當地社會，久而久之，心理健康會亮起紅燈，甚至影響到正常社交。

與此同時，我也明白了兩個道理，一是為什麼西方人會把成年後的子女請出家門；二是為什麼西方人比較不雞娃。

（註：雞娃是網絡流行詞，指父母望子成龍，不斷地給孩子安排各種文化課和才藝課。）

談到西方人為什麼會把成年後的子女請出家門，"需要自立"當然是原因，但主因也許跟錢有關，因為西方人沒有贍養父母的觀念和義務，所以父母得自己攢錢養老，當然不可能再負擔成年子女的開銷。至於為什麼不雞娃？表面原因很多（譬如給孩子一個快樂的童年等），但我認為仍逃不過錢的因素，因為教育支出是個無底洞，在"孩子無贍養義務，自己得攢錢養老"的前提下，任何人（尤其是中產階層及其以下）都不會盲目"投資"，畢竟這項"投資"在賬面上的回饋很小，甚至沒有，到最後還可能落得"人財兩失"——錢沒了，子女也躲著不見面（因為不願面對父母捉襟見肘的樣子）。

以上是從理性的角度來分析，若要談感性（好比親情），那就當我沒說，因為愛是無價的。

簡言之，如果時光倒流，我不會在子女的教育上做"過度"支出（好比讀私校可，但才藝方面只需學個一、兩樣，一旦沒了興趣就停，反正也不靠這個謀生）。那麼省下的錢做什麼？當然是提高生活質量，同時也為未來的晚年生活做打算。

慶幸的是經過盲目撒錢在兩個孩子身上後，我和老公依然存下足夠多的養老錢，這是個不錯的感覺，因為人到中老年，也需要活得硬氣和體面，如果此時還需要仰賴親人給生活費，難免憋屈。

隨著時代的變遷，想必很多人都已意識到"養兒防老"的式微（不論有沒有把孩子送出國，這個趨勢是改變不了的，最後還得靠自己），所以新手父母在養育下一代時不妨將此點考慮進去，再決定要不要雞娃。

（註：從某方面來說，這也算是好事一件，至少新一代不用沒日沒夜地學習，而父母也能活得輕鬆自在些。）

26、最美的事

昨天，朋友問我在芭提雅有沒有交到"華人"朋友？我回答沒有，因為平常寒暄的皆是"非華人"，多以英語交流，逢上只會說泰語的，那就只能微笑或道上一句"薩瓦滴卡"。

話說我們樓裡其實是有兩戶中國人，一戶因家裡的狗老是亂叫，被物業警告要罰款後，索性另買別墅搬了出去；另一戶則是個小夥子，記得我與他的第一次相遇發生在電梯裡，他正刷著國內視頻，我便用普通話跟他打招呼，結果他露出驚恐的表情（到現在，我還是不明白他在害怕什麼），後來再見時，他總有意迴避，我也就放他一馬，當作沒看見。

"妳不無聊嗎？"朋友接著問。

"無聊就寫作唄！如果連寫作也無法排解，那就去旅行。"我答。

對於勞苦大半生的人來說，"躺平"和"睡到自然醒"大概是全天下最美的事，但對已經"躺平"和"睡到自然醒"好一陣子的人而言，相信我，那可一點兒也美不起來，如果不能及時找到寄託，絕對會像過了花期的花一樣，很快就蔫了，這也是到泰養老的我為什麼還找事情做的原因。

講到寄託，其本意是心靈的依靠，作用是疏導負面情緒，從而緩解內心的不安。以我個人的淺見，這個寄託最好還具備挑戰性，舉例而言，如果平常喜歡寫寫小作文，那麼就把出書當成目標；倘若愛遊山玩水，那麼就嘗試當旅遊博主；宗教信仰也是，與其當一名安靜的信眾，倒不如成為其中的活躍份子，要的就是這份使命感，或者可稱之為包袱……

也許有人會說拼死拼活大半輩子，怎麼到了退休年紀還主動去攬包袱，豈不是傻了？

其實此包袱非彼包袱，年輕時的包袱更多來自經濟壓力，而退休後的包袱則是因為惟有如此，才能帶來更好的體驗感，跟"有沒有收入"或"收入多少"沒多大關係。換言之，年輕時想做卻因種種原因無法實現的事，都可以在此階段完成，還不用擔心家裡的米缸有沒有米，豈不美哉？

27、苦難終有盡頭

前幾天,我在網上看到一名年輕人發出感慨:想到前途茫茫,苦難好像沒有盡頭,倒不如死了算了!

這段感言撥動了我內心裡的那根弦,因為年輕時的我也曾發出類似的感嘆,不明白為什麼每天都要面對那麼多討厭的人和應付那麼多的麻煩事?即使一年多前,我還身處"水深火熱"之中,沒有一天不生氣,但現在的我卻不一樣,已經很久、很久沒發火了。我試著去尋找個中緣由,得出以下結論:

1、以前住在大城市,人與人之間的距離近在咫尺,甚至談得上挨肩並足,稍有不慎，極易發生口角與衝突。如今我居住在芭提雅，雖然這裡也有熱鬧區域，但空曠處更多，當人與人之間的距離拉開後，壓迫感也隨之消失（講得直白點兒，想吵架都不知找誰吵去）。

2、泰國人生性不喜歡吵架，而且多數人的脾氣極好，所以只要不踩到他們的底線，基本可以相安無事。

3、人到了一定歲數，記憶力大不如前，壞處當然顯而易見，但好處也會有，那就是連不愉快的部分也一併忘了。即使偶爾憶起，大概也會被自己掐死在搖籃裡，因為回憶的過程很傷神，乾脆就不想了。

簡言之，如果那名網友也能像我一樣熬到退休的年紀，苦難不一定沒有盡頭，相反的，也許真正的愜意人生（可以我行我素）才剛開始。

28、有關泰國的電話卡

長居泰國，擁有當地的電話卡必不可少，比較的結果，我決定使用每月150泰銖的那一款，可以無限上網和接聽電話，缺點是無法打電話（這不是什麼大問題，因為我很少打電話，即使要打，也會選用微信或What's App的通話功能）。然而我跑了市區的好幾家7-11，硬是沒有我要的這款，反倒在最靠近我家的7-11找到了。

一個月過去後，我想在網上為手機續費，結果套餐裡根本沒有150泰銖的選項。無奈之下，我只能多付費，但心裡難免嘀咕——明明選的是每月150泰銖的電話卡，怎麼貨不對板？

到了第三個月,我決定在自己的電信賬戶內存進150泰銖(而非直接購買其他套餐),結果很令人滿意,原來這才是正確操作!

接下來的九個月,每月我都會往電信賬戶內匯150泰銖,一直以來都是成功的,然而這個操作卻在2月28日這一天失靈了,於是我上營業廳查詢。

"我這裡顯示您在2月28日打了一通30分鐘的電話,花費120泰銖,加上其他支出,所以目前的賬戶餘額為0,導致無法上網。"工作人員解釋。

我選的套餐沒有撥打電話的功能,怎會有此項支出?可惜我沒在第一時間想到這個,反而去翻通話紀錄。

"看!"我把自己的手機遞過去,"2月28日一整天都沒有通話紀錄。"

"那我不知道,"她答,"也許原來的通話紀錄被刪除或者有其他原因。"

此時,老公往對方的屏幕一瞧,發現電話打出去的時間和我的付費時間相差整整2分鐘,而且通話時間不長不短,正好30分鐘,這也太不正常了!

針對老公的疑問，對方重複說過的話——不知道。

"如果電話打了，又是打給誰？"老公又問。

"從這裡看不出來。"

"這分明就是欺騙！"老公動怒了，"請歸還我們的150泰銖！"

（註：老公之所以動怒是因為不論住過的英國、新西蘭還是澳大利亞，都有類似的陷阱，最終總得花點兒錢才能罷休。）

有關我們的退費請求，那女的直呼不可能。我也不跟她扯了，直接表示要投訴。

"可以，但網上提交不會馬上有結果。"她答。

"不，我要和妳的主管講話。"

這名工作人員愣了一下後，要我們稍等，結果這一等就是天長地久，不過也不是全然沒好處，因為我的腦子逐漸清晰起來。首先，我的手機號剛好使用一年，倘若當初的套餐規定只能使用一年，那麼從第13個月起，賬戶裡的150泰銖並不會"自動"轉換成我要的套餐，一旦有支出（譬如打一通電話或上一次網），費用就會從賬戶裡扣，而且單價比購買任何一款套餐還要貴；其次，別人可以質疑我刪掉通話紀錄，但我不可能連自己有沒有刪都不清楚，顯然，那通電話是別人硬栽在我頭上，而最大的嫌疑人便是電信公司；其三，如果電信公司存心要訛客戶，這吃下去的錢還可能吐出來嗎？答案已經昭然若揭。

我把自己的分析告訴老公，他也同意，並且問我想怎麼辦？

"現在即使主管來了，也改變不了什麼，倒不如通過櫃檯支付150泰銖，看看這次是否會有'幽靈'電話打出去。"我答。

主意一打定，我們重新拿號，再回來時，恰巧與原先的那名女員工打上照面，她刻意轉移視線，老實說，還真有點兒"做賊心虛"的樣子。

輪到我們上櫃臺時，我把前因後果都告訴櫃員，接著強調我就要150泰銖的那款套餐。

（註：此款的性價比最高，大概電信公司也意識到"賺"少了，如今再也找不到這款套餐。）

辦好後，我收到手機短信，上面明確寫著此套餐"自動"形成六個月。換言之，六個月後我若網上支付150泰銖，並不會"自動"轉換成我要的套餐（果然如同我之前的猜測一樣），所以還得再上營業廳辦理。

走出營業廳，我忍不住抱怨："那名女員工肯定知道是怎麼回事，卻還質疑我們刪了通話紀錄，可真會演戲！"

老公告訴我——電信公司之間的競爭很激烈，所以不論哪家，或多或少都有貓膩，好比他購買的套餐，每個月會贈送一張200泰銖的麥當勞抵用券，可是申請抵用券時，往往無法提交，有一次，他竟然連續提交二十多天才成功，這不是變相欺詐嗎？再舉一位英國官員的例子，此人到國外出差，回國後收到約11,000英鎊的賬單，理由是打了國際長途電話。這位官員承認的確打了幾通，但不相信能達到天價賬單的程度⋯⋯

"那名官員後來有沒有付那筆費用？"我問。

"不清楚。"老公答，"還好妳的套餐是預付費，頂多損失150泰銖，如果是後付費，後果可能超出想像。"

好奇怪！當聽說有人比我還慘時，我的心情竟然轉陰為晴，甚至有餘力可憐起那名女員工。

"泰國是佛教國家，那個女人昧著良心做事，當面對佛祖時，內心應該很痛苦才是。"我說。

"妳瘋了嗎？"老公睜大眼睛，"那樣的人會感覺痛苦？"

其實憎恨對方還不如可憐對方，因為憎恨會帶來精神內耗，而我實在"耗不起"，所以寧願找個臺階下，說到底，還是心疼自己。

29、靈異泰國

傍晚，我出外遛狗，當行經快完工的樓盤時，不出意外，我又看到三三兩兩的工人在淋浴，身上只著一件子彈型內褲，任由水管的水沖刷身上的汙穢與汗水……

如果您以為這樣的畫面很養眼，那就大錯特錯了，因為泰國的建築工人一般偏瘦小，與想像中的八塊腹肌或人魚線有很大的出入，所以我的"視而不見"與"坐懷不亂"也就不難理解了。

就在嘩嘩嘩的水聲中，我走向二巷底，一轉彎，與Ahha（俄語，讀作Anna）打上照面。

"嗨！妳還好嗎？"

我之所以這麼問，乃因她看起來很不好，不僅衣寬帶鬆，兩頰還深陷進去，顯得原本的大眼睛更大，像兩個銅鈴似的。

"不好，我才剛出院沒多久。"她答。

Ahha本來與我住在同一棟樓裡，由於她的房東在租約到期前漲房租，她不得不從三巷搬到二巷，我也因此有好些天沒見到她，原來她住院去了。

"怎麼回事？"我問。

"醫生說我被攜帶某種病毒的蚊子咬了。"

"在芭提雅？"

"是的，這些日子我一直待在芭提雅，哪裡也沒去。"

聽完，我倒吸一口涼氣，如果芭提雅的蚊子如此可怖（可怕又恐怖），我也極可能成為下一個受害者，這如何是好？

大概我的面部表情洩了密，Ahha要我不用擔心，因為攜帶此種病毒的蚊子萬中無一，也不知道為什麼，偏偏讓她碰上了。

想起去年的九月份，她也因不明原因的發燒、咳嗽而形銷骨立，當時我還懷疑她染上了新冠病毒，結果她斬釘截鐵地否認，因為已經做過測試了。

"那麼妳的感冒症狀會不會是過敏引起的？"我接著問。

"我也這麼猜測，但醫生說如果想找出過敏源，得做一千樣以上的測試，我沒那麼多錢，只能作罷。"她答

沒想到康復後的Ahha又遇到"寥若晨星"的蚊子，這運氣也沒那個誰了。

"妳要不要去拜個佛？"我說。

"拜佛？為什麼？"她問。

"呃……祈求平安啊！"

"哈哈！不用了，我信上帝，祂會保佑我。"

與Ahha道別後，我有種"話說到一半倒不如不說"的感慨。

是這樣的，泰國向來有"極陰之地"的說法（講白了，就是陰氣重）。換言之，所有的信仰與"專治本土各種不順"的當地神明一比，通通得往後站，這也是我建議Ahha去拜佛的原因，說是"入鄉隨

俗"也好，說是"求個心安"也罷，反正利多於弊。不過Ahha顯然沒聽出我的弦外之音，依然只信仰她的上帝。

講到泰國為什麼叫"極陰之地"？依據風水和方位理論的說法，泰國處於坤地，這個位置被認為陰氣重，造成的影響便是整個國家充滿陰柔之氣（女性多溫柔敦厚，男性則相對陽剛氣不足），與此同時，靈異現象也會比較高發。

我不懂風水和方位理論，所以不好妄加評論，不過泰國人的確予人"中氣不足"的感覺，至於靈異事件，我本人沒遇到過，只是"耳聞"過一些，其中就包括最著名的兩個——鬼妻娜娜和古曼童。

據說鬼妻的故事發生在戰亂年代，身懷六甲的娜娜苦等從軍的丈夫回家，好不容易熬到生產，命運卻再度弄人，娜娜最後帶著肚裡已經成型的胎兒一命嗚呼。

娜娜的丈夫歸來後，並不知道自己的妻子和孩子已去世，仍然與鬼魂同處一室。同村的人告訴他真相，他嗤之以鼻，最後還是自己發現了不對勁，倉皇躲進寺廟中。後來一位強大的驅魔人抓住娜娜的鬼魂，把她封在一個瓦罐裡，扔進帕卡隆運河。

（註：故事的後半段存在地域上的差異，不過這不妨礙它成為泰國國家級非物質文化遺產之一，可見故事的真實性已被官方認可。）

如今的鬼妻娜娜廟已成了求子、求財、招桃花和斬渣男的民間信仰場所。

另一個有關古曼童的故事也很驚悚，傳說泰國的一位將軍擄走戰敗國公主，一年後，已經成為準媽媽的亡國公主為報國仇家恨，偷偷在將軍的酒裡下毒，哪知早有防備的將軍反殺公主，並將未成形的孩子剖腹取出，製成乾屍，再請大師做法加持。一通操作下，自帶母胎怨氣和將軍殺氣的嬰靈（古曼童）便誕生了，將"它"應用在戰場上，能嚇退不少敵方戰士……

發展到後來，用不同的材料製成孩童的模樣，再請高僧或法師加持，"娃娃"便成了古曼童，經供養後，有保平安、招財、助運、避邪、通風報信、抹黑對手、報復等作用（簡直無所不能）。然而有得必有失，如果操作不當或事後未滿足古曼童的願望，也會遭到反噬，下場據說會很慘。

如果鬼妻娜娜的故事算是"人鬼情未了"，古曼童其實更像是巫術的一種，而講到泰國巫術,我和老公可是一點兒也不陌生。

"誠實點兒,婚前妳是不是對我下降頭了?"婚後某天,老公問我。

降頭術是泰國巫術中最為出名的一種,乃利用人身上的指甲、頭髮、血液、唾液……等作為引子,通過特定的儀式和咒語給人下降頭,達到施法者想要的目的(好比讓人愛上自己、使人生病或死亡等)。顯然,老公的意思是我對他下降頭,好讓他稀裡糊塗地愛上我。

"拜託!給人下降頭會減少壽命,我才沒那麼傻。"我答。

"我不管,妳肯定是給我下降頭了,因為我原本打算33歲再結婚。"

老實說,我不清楚他為什麼執著於"33"這個數字,但他在32歲時娶了我,也就差了一年,至於嗎?

"我才覺得是你給我下降頭呢!我原本打算非富不嫁,還是頂級的那一種。"我說。

這樣的拌嘴其實說明了一件事——老家在英國的他和老家在臺灣的我皆知道"降頭術",可見這玩意兒有多麼聲名遠揚!

如今的我們身處在宗教氣息濃厚且巫術文化不滅的泰國,那滋味很難形容(怎麼正邪雙方皆能在此安身立命?),只能說這真是一個神奇的國度!

30、泰國醫療之我見

一個月前，老公曾出現疑似感染新冠病毒的症狀，在床上躺了一天半後，成功把我也給傳染了。

我病了四天後痊癒，老公雖有好轉，但仍咳嗽不止，直到昨天，才終於決定上醫院。

實話說，上醫院的這個決定很不尋常，因為每當身體不適時，老公都會選擇到藥店買點兒成藥吃。顯然，這次成藥也無法緩解他的病情，才不得不上醫院。

或許您會問為什麼不上診所？泰國的診所屬於私人性質，費用會比公立醫院貴，卻遠低於私立醫院，缺點是不保證醫生會說外語，同時也看不了大病。

（註：我和老公不會說泰語，加上已經病了大半月，應該不算"小"病，所以還是上醫院為妥。）

在泰國，公民上公立醫院看病每次只需花費30泰銖，也就是人民幣6元左右，這是根據2001年起實施的"30泰銖醫療計劃"。到了2019年，這項政策還惠及到東盟國家的公民，至於非東盟國家的外國人，原則上當然不能禁止，只是費用會高出許多，加上還得排長隊和解決語言溝通問題（公立醫院的工作人員同診所一樣，大多不會說外語），所以外國人普遍選擇上私立醫院看病。

泰國的私立醫院有服務好、軟硬體設備齊全、語言溝通障礙小等優點，但收費也是真的貴（不過與其他國家的私立醫院一比，又顯得小巫見大巫）。

我和老公皆是泰語啞子，加上不願花一整天的時間排隊（據說如果加上各項檢查，很可能一整天都要耗在醫院裡），所以上私立醫院成了唯一的選擇。

芭提雅的私立醫院總共有3家，分別為曼谷醫院（芭提雅分部）、芭提雅紀念醫院和芭提雅國際醫院，我們去的是芭提雅國際醫院。

沒想到一進醫院大廳，瞬間就有來到咖啡廳的錯覺，因為這裡的設計是沙發座加遮陽傘，大片玻璃落地窗外則樹影扶疏，彷彿下一秒鐘，服務員就要端上茶水和裝滿點心的三層盤……

與美麗且溫馨的大廳不同，這裡的工作人員稍嫌積極性不足，屬於"有問有答，不問則啞口"型。

等老公填完個人基本資料，剛一坐下，工作人員便過來喊人，這效率簡直無縫銜接。

接下來便是醫院的制式流程——量體重、血壓和體溫。做完這些，等了約莫兩分鐘就被請去看診室，病患之少可見一斑（不過也有可能我們來的時間點恰好處在醫院"不忙"的時候）。

替老公看診的是一名女醫生，態度相當友好。在聽完陳述，又通過聽診器聽診和看過喉嚨後，她讓老公先打個點滴，回家服藥過後若沒有明顯好轉，再上醫院複診。

老公打完點滴後，就來到"可怕"的付費環節，明細上寫著看診費1630泰銖，藥品（包括點滴）5000泰銖，總共6630泰銖，折合人民幣約1326元。

看完，我和老公大鬆一口氣，因為我倆皆沒買醫療保險，所以有點兒害怕收到天價賬單。還好這個費用雖不便宜，但也還不到讓人傻眼的程度。

講到醫療保險，一開始我是想買的，畢竟人在異國他鄉，有了醫保，也算買了個心安，但老公不同意，他的觀點是保險費會隨著年紀和過往的就診紀錄而增加保費，換言之，羊毛出在羊身上，一點兒便宜也沒佔上。

以上是老公的個人看法（不同意者，請以您的意見為最高準則），不過他也承認倘若身處美國，還是買個保險妥當，因為美國的醫療賬單超級昂貴，到了令人瞠目結舌的地步。

看過醫生後，老公的身體狀況明顯好轉，讓我們感覺付出去的錢還是值得的。

今日，心血來潮的老公忽然對我說："告訴妳一則網上消息——有個住在泰國的洋人需要做腫瘤切除手術，私立醫院的報價是500,000泰銖，而公立醫院的報價是19,000泰銖，兩者相差26倍之多。此人後來決定上公立醫院，術後恢復情況良好。"

我也曾聽聞泰國的私立醫院與公立醫院在醫療技術方面沒有太大差異，所以只要不怕等，同時能忍受硬體方面的簡陋，不失為經濟實惠的選擇。

其實像泰國這樣的小國，一開始我並不對他們的醫療水平抱有任何期待，可是結果卻大跌眼鏡。據說在全球醫療體系中，泰國不僅排得上號，還是拔尖的存在，好比美國雜誌《CEOWORLD》將泰國列為2019年醫療體系最佳國家中的第六位，而在2021年全球衛生安全指數中，泰國名列第5，連評價醫療機構最權威的標準JCI，泰國就有64家醫院和診所獲得，這個數字在全球排行榜中位居第4。

瞧！是不是很令人驚訝？反正查找資料中的我不僅被驚豔到，還有種"瞎貓碰到死耗子"的雀躍感，因為來泰養老前，我可沒把醫療水平給考慮進去，而這偏偏是銀髮族最該關心的，您說這是不是"好運一來，擋都擋不住"（還是傻人有傻福的那一種）？

31、輪流的富貴

很久以前,我曾看過一篇報導,說的是泰國的選美比賽冠軍奪冠後回家叩謝母親(她母親是一名清潔工,含辛茹苦地拉拔她長大)。或許嫌文字說明不夠,還附上了照片,這下子全泰國大概都知道她的出身不好。

看完報導,我總感覺哪裡怪怪的,雖然這是飲水思源的表現,但似乎不太符合人性,因為人性會把不美的部分刻意隱藏起來,可是這位選美冠軍卻反向操作,讓人有些看不懂。

來泰養老後,我有時也會被類似的反常現象給搞迷糊了,好比"明明看起來很窮,卻笑得最燦爛",代表人物便是住在我家附近的"微笑阿姨"。

"微笑阿姨"是我給取的,因為兩人語言不通,不知她姓啥叫啥,由於經常見她微笑,索性就叫她"微笑阿姨"吧!

記得第一次見到這位阿姨時,我右手牽著狗,左手提著兩袋垃圾,她衝著我笑,同時主動接過我的垃圾袋。

當時的我有點兒懵,甚至懷疑她認錯人了,直到她往我們公寓樓的垃圾收集區走去,並且徒手掏"寶物",我才知道她是做資源回收的(俗稱撿破爛)。

從此以後,不論我何時出門,遇到她的機率都很高,觀察的結果是——她一天總要出門數回,因為動作慢的話,就只能撿別人挑剩的。

(註:我家附近做資源回收的有3人,微笑阿姨只是其中一位。)

剛開始,我還會用簡單的英語與微笑阿姨溝通,發現行不通後,改成肢體語言,孰料連肢體語言也有"雞同鴨講"的時候,並且差點兒釀成無法挽回的局面,請聽我道來……

那天,我出門遛狗,很巧地又遇上微笑阿姨,她指著我的狗一陣輸出,雖然聽不懂,但基於"禮尚往來"的原則,我還是無話找話。

"You always smile." 我說。

怕她不了解，我還刻意在自己的嘴巴上做了個打勾的動作（代表微笑），結果她的笑臉瞬間消失了，同時把已摘下的口罩又重新戴上。

見狀，我暗叫不妙，這豈不是嫌對方髒，讓她把口罩戴上？

我趕緊喊No，並且用更多的英語轟炸她，還好她"大概"意識到自己會錯意了，沒讓誤會進一步擴大。

後來，我倆皆很有默契地省略"薩瓦滴卡"以外的寒暄。

這一天，我和我家狗子彎進微笑阿姨住的"小小巷"（介於二巷與三巷之間，那裡的房子看起來像年久失修的違章建築），碰巧見到她與一名年輕女子在講話，看樣子應該是她的女兒或兒媳，因為微笑阿姨經常帶在身邊的外孫或孫子，此刻正抱著年輕女子的大腿不放。

"薩瓦滴卡。"微笑阿姨看到我，首先向我問好。

我回禮後，望向那位大約只有20歲出頭的女孩，她也向我問好，臉上非常平靜。

之所以用"平靜"二字來形容，乃因當下所處的環境非常糟糕，不僅房屋簡陋，四周還堆滿撿回來的垃圾，以致蟲蠅亂飛，氣味也不好聞。對於自尊心爆棚的年輕人來說，自己的家如此寒酸與髒亂，但凡敏感點兒，都會想挖個地洞鑽進去，可是我卻完全感覺不到小姑娘有任何困窘。

結合一開始所提到的選美冠軍，我很好奇是不是"相對貧窮"的泰國人皆"平靜且歡喜"地接受自己的命運？

懷著這個疑問多日後，我決定找人解惑，對象直指正在收我水電費的A小姐，並且未雨綢繆地謊稱朋友在寫論文，託我做問卷調查（如果實話實說，顯得唐突）。

"嗯……"A小姐思考了一下，"我不能代表所有的泰國人，如果妳只是問我個人的話，我的答案是Yes。"

"所以妳不會因為自己出身不好就自卑，也不會因為別人出身不好就看輕對方，是這個意思嗎？"

"是的，一個人出身好不好，那是前世種下的，只要這輩子多行善事，下輩子也能投胎好人家,因為富貴都是輪流的。"

"輪流是什麼意思?"

"就是大家輪流當有錢人,如果這是妳指的出身好。"

我被當頭一棒,照這個思路,還真不用自怨自艾或羨慕他人,因為別人正在享受的,也許自己上輩子就已經經歷過,甚至有過之而無不及。

大概見我忽然不聲不吭,A小姐有點兒忐忑地問:"不知道我的回答有沒有幫助到妳的朋友?"

"Yes. Yes. Yes."我點頭如搗蒜,"幫助太大了,謝謝!"

離開物業辦公室後,我有種豁然開朗的感覺,因為A小姐的言論不僅解開了心中謎團,還啟發了我,您呢?是不是也作如是想?

32、WHERE ARE YOU FROM？

疫情期間，我曾為了要不要花近兩千泰銖去買一雙一字拖而猶豫，老公推波助瀾，表示這種鞋子是EVA塑料製的（由乙烯和醋酸乙烯酯共聚而成，通常被應用於中高檔的旅遊鞋、登山鞋、涼鞋、拖鞋等），可以穿一輩子都不會壞。

基於"可以穿一輩子都不會壞"，這個價格顯得相當親民，於是我果斷買下。哪知不到三年，"百年鞋"的左鞋底就破了一個洞，把我驚得目瞪口呆。

"你不是說可以穿一輩子都不會壞嗎？"我質問老公。

"正常情況下，這種東西應該不會壞才

是。妳看我的鞋都已經穿了五年多，一點兒也沒壞。"

這也是我的迷惑之處——左鞋底已被磨薄，甚至出現破洞，但右鞋底卻完好無損，莫非我走路時把重力都壓在左腿上？

Anyway，這鞋是不能再穿了，我只好回原來的店舖再次購買。

選定後，售貨員問我："Where are you from?"

"嗯……嗯……嗯……嗯……嗯……Taiwan。"

我之所以下不了決定，乃因有太多答案同時出現在腦海中，本來想答新西蘭（我拿新西蘭護照入境泰國），但"明眼"人一看就知道我不是歐裔，肯定會投來懷疑的眼光；接著我想答臺灣，但又擔心售貨員聽成Thailand或者壓根兒就不知道臺灣在哪裡。

這兩個答案都被否決掉之後，我想著要不就回答中國好了，可是萬一對方要我出示中國護照（譬如能打個折扣什麼的），豈不穿幫？

琢磨了幾秒鐘，我還是秉持"誠實為上策"的原則，給了"臺灣"這個答案。

售貨員聽完，在數張紙之間來回翻找，找到後，在上面打了一個勾（就這樣？我以為會有優惠或贈品，原來只是做市場調研）。

回家後，我問老公："當別人問'Where are you from？'時，這是問國籍還是血統？"

"很難說，通常是問在哪裡成長。"

"可是……"

"我知道，我知道，"老公顯然比我還急，"成長地不一定與國籍或血統一致，譬如某人在A國成長，但父母來自B國，而自己拿的是C國護照。如果這種情況發生，那也只能道出這個長故事，然後交由對方判斷。"

哎！難怪我們的一雙兒女會討厭被問到這個問題，因為講到血統，父親是英國人，母親是臺灣人，曾祖父有部分愛爾蘭血統，而拿父輩的姓氏來說，明顯來自北歐。若拿地域說事，臺灣、新西蘭、澳大利亞、中國、英國皆住過，所以論在哪裡成長，這要如何回答？再說國籍問題，兩個孩子是英國與新西蘭雙國籍，換言之，即使用最簡單明瞭的護照來驗明身份,他倆也無法"篤定"地回答是哪一個。

這大概是異國婚姻的麻煩之處吧?!

33、別離

今天遛狗經過一處無人居住的別墅,房屋不咋地,但勝在地大,果樹也多,肉眼能判斷的有椰子樹、香蕉樹、木瓜樹和芒果樹,而且每一棵都碩果累累。

當我正想著"這麼多水果,沒人來摘多可惜"時,Maria朝我走來,並且親切地問我好不好?

"不好。"我答,"今天收到物業的罰款通知,因為狗隨意小便。"

"是罰妳還是罰狗?"她問。

老實說,這個問題我有點兒轉不過來,當然是罰我囉!狗會付500泰銖嗎?

"罰我，"我答，"因為我是狗主人。"

"是尿在樓裡嗎？"她接著問。

"不是，尿在戶外。"

"這太不公平了！狗想尿就尿，能忍到戶外就已經很不錯了。"

提起被處罰這件事，說我對也不對，說我不對也對，因為物業把"禁止寵物大小便"的牌子立在草坪上，我想當然爾地認為只要避開草坪就行，哪知草坪的圍擋也算在內，這就有點兒說不清了。

談完不開心的事，我告訴Maria明天我要上吉隆坡玩，她則告訴我這個星期天她要與老公去越南。

"度假？"我問。

"不算是，因為我們已經在泰國居住了很長一段時間，很難再申請到便宜的簽證；越南則相對容易，只需網上申請，就能得到3個月的旅遊簽，所以我和老公打算到那邊看看，如果能適應就留下來，不能適應再回來。"

這個回答在我聽來就是"永遠不會再見面"的意思，因為打從搬到芭提雅，我就不斷地認識人，再不斷地Say Goodbye，那些說過會回來的,直到現在連個影子也沒有(第18章提到的荷蘭女士除外)。

想到Maria極可能也是其中一員,我多少有點兒依依不捨,畢竟這世上說得上話的人並不多。

"你們打算到越南的哪個城市?"我接著問。

"胡志明市。"她答。

我恰好去過胡志明市,那個城市還行,外國人應該可以適應。

聽完我的評價,Maria大鬆一口氣,因為她和老公都沒去過越南,心中難免忐忑。

"那麼首都河內呢?"她又問。

"那個城市對外國人來說可能有點兒無聊。"我誠實回答。

記得抵達河內的第二天,我就萌生退意,無奈酒店錢已付,只能硬著頭皮待下去。

"那裡的人呢?"Maria三問。

老實說,越南人比較內斂,也很少笑,

我甚至感覺到他們對外國人普遍懷著戒心。

"當然沒有泰國人nice。"我答。

"嗯……"她陷入沉思,"事情到了這個地步,那也沒辦法了。"

我猜想她的意思是即使越南人沒那麼友好,也只能忍下去,畢竟不是每個國家都對俄羅斯人民敞開大門(以目前的戰亂來說),何況芭提雅的房子已退租,機票和酒店錢也支付了,現在只能往前走了。

其實若讓我站在他們夫妻倆的位置,肯定會憂心一百倍,因為有家不能回(祖國正在打戰),收入又不穩定,縱使好山好水,心情大概也美麗不起來。

"對了,"我忽然想起,"到了越南,你們打算如何謀生?"

"我老公希望能繼續從事攝影工作,如果不行,那就教書。"

"教俄語。"

"不,教英語。"

為了讓這個回答更具說服力,她還列舉她老公得到過的證書。

這樣的說明其實沒必要，因為小女曾在國內教過英語，所以我相當清楚某些補習班只要膚色對了就行，跟國籍與教學能力無關。拿Maria的老公來說，他是白皮膚，很難從外貌上判斷是不是來自英語系國家（這個很重要，因為補習班只要學員"相信"教員來自英美澳加新即可），意思是她老公獲得教職的可能性相當高。

"既然這樣，我祝妳在越南過得愉快。"我說。

"謝謝！我也同樣祝福妳。"她答。

鑑於明天我就要出發去馬來西亞旅遊，再回來應該不會再見到Maria，這樣的道別其實帶著感傷。

回家後，我告訴老公又有人離開芭提雅了。

"這很正常，除了本地人，誰也沒有老死在這裡的打算。"他答。

"你呢？"

"我也是，如果妳先死，我會回英國去。"

這個答案很出乎意料，我原以為老公想要老死在泰國。

"英國好冷，東西又貴。"我說，"你回去幹嘛？"

"人很老很老的時候，總會想回到出生地。我不知道自己最後會不會回去，但那是一種選擇。"

這大概就是所謂的"落葉歸根"吧！其實我也想過回臺灣待一陣子，至少"日啖美食"的願望可以實現，但老公不想回去（不是臺灣不好，而是其他原因），所以只能緩緩再說。

"告訴你，今天樓裡又來了一條新狗。"我接著說。

"妳的意思是又有人搬進來？"老公問。

"是的，狗主人是個年輕小夥子，頂著一頭捲髮，他的狗是鬥牛犬。"

"是嗎？"老公的視線重回電腦屏幕，"家裡的狗又有新朋友了。"

打從搬到芭提雅，老公就已經斷絕社交，這可以從上面的對話中看出（他不說自己又有新朋友，而是說家裡的狗又有新朋友）。不過我感覺他過得挺好的，這也反映了某類人的養老選擇——不再社交，安安靜靜地走完人生的下半場。

這樣的養老方式其實也沒什麼不好，畢竟與人相處是把雙刃劍，若沒把握全身而退，做壁上觀又有何不可？您說是嗎？

34、忙碌的早晨

從吉隆坡回來後的次日,我遛狗遛到家附近的橘色樓房,從裡面走出來一位男士,個子不高,但顏值很高,年輕時應該是個美男子。

"妳的狗想尿尿。"他經過我身旁時說。

我苦笑一下,不置一語。

(註:我家的狗很喜歡這棟樓的樓前花臺,時不時總要嗅一嗅,尿尿倒未必。)

那男人丟完垃圾後踅回,接著打開話匣子。這一開,就像洩洪的洪水,足足講了半小時。究竟說了什麼?從表面上看,洋洋灑灑的,其實不外做自我介紹,容我羅列在後……

．．．

Jio，意大利人，出生在靠近米蘭的一個小城鎮，後來搬到弗羅倫斯附近。畢生做的是自行車生意，鼎盛時期，手底下曾管理著四百多名員工。

當中國經濟崛起時，他把訂單拿到中國的工廠製造，再運回意大利出售，省下了不少人工費。幾年後，意大利政府開放啥啥政策（沒聽懂），他失去了競爭力，索性飛到曼谷做生意。

在曼谷待了五年後，他來到芭提雅，逢上疫情，就這麼留了下來。由於拿的是旅遊簽，等疫情一過，每三個月都得按規定出境後再入境。這個月的15號，剛好又滿三個月，代表他又得出境，不過這次他不再到周邊國家過渡，而是回到意大利，目的是出售名下房產（他有多套別墅和公寓），等拿到錢後，再重返泰國。

"到時候有了錢，你可以買個公寓，不用再租房住了。"我說。

"這是一個選擇，不過買了房，也等於把人給困住了。"他答。

於是我建議他買個小戶型，花費沒那麼多，他依然可以雲遊四海，好處是某些不易攜帶的個人物品因此有了安置之處，玩累後，隨時還有個窩可去，不用花時間找租處，也不用害怕房子忽然被房東收回。

他點了點頭，話題轉到他的前妻，說他倆現在還是朋友。

"所以你目前是單身狀態？那麼你自由了。"我開玩笑地說。

"我是自由了，但我前妻不是，她有個加拿大伴侶，如今住在加拿大。"

聽此言，Jio乃單身無誤，而依據我對意大利這個國家的膚淺認識，那裡的男人挺會搞浪漫（譬如我在澳大利亞看房時，來自意大利的男仲介會送給每一位女客戶一朵紅玫瑰），加上此人長得好看又多金，在芭提雅這個縱情聲色的城市還能保持坐懷不亂，實屬不易。

結果我剛給人家立了個柳下惠的人設，下一秒他便主動承認有過兩段親密關係，都是跟泰國女人（這個聲明讓事情變得合理了——顏值高又有錢的老外不可能"一直"單著）。

"不管怎樣，你'現在'自由了。"我說。

"是的,畢竟再過幾天,我就要回意大利了。"

我呆了兩秒鐘,敢情是因為要回意大利,所以才不得不跟泰國女人斷了關係?

接著他提到他的兩個兒子,不僅鉅細靡遺地交待他們住在哪裡?做什麼工作?還強調如果不是兩兒子不願接班,他也不會把公司收起來。話鋒一轉,他說他給現在的租處買了很多盆栽,閒暇時就到海邊曬太陽,以致膚色比來泰之前黑了不少。

"我也是。"我指著腳上黑白分明的兩種膚色,"白色是沒曬到太陽的部分。"

Jio看都不看一眼,接著解釋為什麼他拿的是旅遊簽,非養老簽。

從Jio身上,我看到一位"純粹"的話癆者,此類人恨不得把肚裡的話全往外倒,他們並不關心對方講了什麼(如果有回應,那也是因為可以就原來的話題繼續講下去,否則寧願另起爐灶)。

"很高興認識你,我得走了,拜拜!"我說。

Jio很驚訝,那樣子像是說——談得好好的,為什麼要走?

老實說，跟初次見面的人聊上半小時已是我的極限，何況大部分都是他在說，我負責聽，這種不對等的交流方式，我已經給足面子了。

離開Jio後，我家狗子終於有了活動筋骨的機會（難為它趴在地上半小時，被迫聽兩個不熟的人嘮嗑）。等我們一彎進微笑阿姨住的小巷子，一隻小白狗忽然衝了過來。

"怎麼這隻狗長得像Maria的狗？"我邊想邊往遠處望去，"連狗主人也長得像Maria的老公。"

結果對方一走近，我發現那男人正是Maria的老公，遂問："我以為你和Maria去越南了，是不是計劃生變？"

"是的。"他答，"出發前兩天，我和太太意外得到同一家公司的offer。"

這真是個好消息！

"不過幾日過後我們會搬到曼谷，因為公司在那裡。"他緊接著說。

原來最終還是得道別，我還以為可以打破之前的魔咒。

"不管怎樣，得到工作是好事，我祝福你和Maria。"我說。

"謝謝!"他答。

道別後,我牽狗回家,心情有些微妙。

"今天早上可真忙,不是嗎?"我對狗說,"平常一個說話的人也沒有,今天卻連著遇到兩位。"

我家的狗汪汪兩聲,似乎同意我說的。

35、泰國的潑水節

每年的4月13日～4月15日是泰國潑水節，又稱宋干節。宋干是梵文，意為"太陽從12宮之末的雙魚運行到12宮之首的白羊，是新的太陽年開始"，而潑水則有"清除所有的邪惡、不幸和罪惡，開始新的一年"的寓意。換言之，這是泰國的新年，也是泰國人最看重的節日。

（註：這個節日不止泰國有，老撾、斯里蘭卡、緬甸、柬埔寨等國以及雲南的傣族也會在同一時間慶祝。）

有關宋干節的由來，這與神話故事脫不了干係，話說從前有一個非常聰明的小男孩，他能夠聽懂鳥語且博學多才。太陽神為了測試小男孩的智慧，向他提出三個問題，約定如果不能在七天內回答出正確答案，太陽神將取走他的性命；反之，太陽神會將自己的頭顱割下。

小男孩費盡心思，終於在第六天的晚上想出答案，太陽神只能兌現諾言。由於太陽神的頭顱具有強大的破壞力，他的七個女兒只能將頭顱安放在一個山洞中，並且於每年的固定時間內，輪流為父親舉行儀式。這個儀式後來演變成如今的宋干節，人們通過潑水、祈福和家庭團聚等活動來祈求來年的好運與平安……

了解潑水節的緣由和習俗後，現在來談談我的親身經歷。由於耳聞這個節日很"瘋狂"，去年的這個時候（也是來泰養老的第一個潑水節），我和老公嚴陣以待，譬如事先準備好糧食和飲水，以便能"大門不出，二門不邁"地熬過這段"艱難時刻"。

雖然計劃很美好，但現實卻總出乎意料，因為千算萬算卻忘了把家裡的狗子算進去，看它猛搖尾巴，露出渴望的眼神時，我哀嘆一聲，還是拿出狗繩遛狗去。然而這"豁出去"的勇氣帶來的卻是驚喜，因為啥事也沒發生，這讓我產生"潑水有地域限制，不包括居民區"的錯覺，所以當2024年的潑水節到來時，我毫無畏懼地在住家附近遛達。

"Hello……Hello……"一位婦女向我的狗打招呼。

我家泰迪依舊"我行我素",我只好用英語向婦女解釋——我家的狗聽力不好。

"Old dog?"婦女問。

"Yes."我答。

"原來是老狗啊!"她喃喃道,說的是普通話。

他鄉遇華人,怎不令人雀躍?我遂改用普通話問她來自哪裡?她答上海。

正當我們聊得興起時,一陣驟雨翩然而至。

我望向天空,發現萬里無雲後,又望向身後,結果仍一無所獲。

"剛剛有人騎摩托車經過,坐在後座的人向我們射水槍。"婦女向我解釋。

雖然謎團解開了,但我仍不願相信,因為這與我總結的結論(潑水有地域限制,不包括居民區)不符。

幾日過後(4月17日,早過了法定的宋干節節日),我和老公想著警報應該已經解除,遂到中天海灘"小試"一下,果然無人潑水,這排除了我們的擔憂,次日中午便胸有成竹地上市區去，結果被上了一課。

話說噩夢的開始其實是有徵兆的，當我們的摩托車抵達山下時，我隱約感覺不對勁，因為路邊出現半人高的水桶，而且越往市區，水桶越多。當時的我還安慰自己沒事，畢竟四周也無人潑水，只有三三兩兩的遊客拿著水槍招搖過市（沒有發射），即使看到坐著僧侶的花車，我也誤會當天是另一個節日，壓根兒就沒往"芭提雅延長宋干節慶祝活動"的方向想去。

後來，我們"安然無恙"地抵達商場，此時的我們還沒意料到待會兒會面臨什麼，依舊悠哉地吃飯、購物，等出了商場，來到大馬路時，這才發現事情大條了，怎麼忽然就成了水上世界？

由於大馬路上擠滿了人和車輛，前進的速度宛如烏龜爬行，每一秒都很煎熬，因為除了得避開潑來的水，還得提防泥攻和魔音傳腦（時不時有大喇叭傳送吵死人的音樂），偏偏老公為了閃躲潑過來的水，導致騎錯了路，現在我倆已經不知身處何方。

"走那裡，"我指向一條小巷，"那裡應該相對安全。"

事實證明我們是從一個坑掉進另一個更大的坑，因為小巷路窄，不管水攻還是泥攻，簡直攻無不克（有點兒關門打狗那味兒），更可悲的是坐在摩托車後座的我還被人請吃泥巴糕，結結實實地糊了一嘴，真是"有苦難言"。

好不容易從小巷"跌跌撞撞"地出來，我和老公頓時又陷入兩難——往右騎進入"可怕"的市區，往左騎上素坤逸路（此路全長達四百多公里，由首都曼谷往東南部延伸，經芭提雅、羅勇，最遠可達噠叻府的府會）。

"上素坤逸路吧！"我對老公說，"雖然遠了點兒，但相對安全。"

事實證明只要今天上了路，就沒有"安全"一說，而且隨著天色漸暗，加入水戰和泥戰的人越多，有人甚至就站在水桶邊，拿著水瓢直接開幹，或者爬上水車，居高臨下地握著水管掃射，無疑將戰況升級了。

老實說，即使面對突來的變化（慶祝活動延長），我還心存僥倖，因為潑水節是有禁忌的，譬如不能向老人"任意"潑灑（只能輕灑），所以一開始我還相當樂觀，畢竟年紀擺在那裡，可惜我和老公似乎還不夠老，所以被無差別地"雨露均沾"了,真不知該哭還是該笑?

等我們終於一身濕漉漉地回到家中,時間已過去3個小時,比平常多出2.5個小時。

"我決定了,"老公洗完澡出來,正用浴巾擦拭身體,"明年的潑水節咱們出國去,不管哪個國家,反正出去就是。"

對於"初聞不知潑水意,再聞已是水中人"的我來說,"白得一個假期"大概是泰國潑水節帶給我的"立即性"紅利吧!這種"立竿見影"的回饋正好應驗了那句話——潑水節被潑水不能生氣,因為那代表好運和祝福。

36、永生與捕靈網

有一天，我在網上看到一篇報導，說的是人類將在2029年看到永生的可能性（譬如科技讓餘下的壽命延長了），到了2045年則實現永生。

我心算了一下，2029年時我60歲，到了2045年，我76歲，也就是說當我到了60歲時會老得比較慢，到了76歲則成了"老不死"，這實在太可怕了！

我的恐懼並不是因為"年老才得到永生福利"，而是壓根兒就不想在這個維度久待（喜歡待的，請繼續待下去），活到"壽終正寢"已是對造物者的最大尊重，真要"沒完沒了"地活下去，對我來說可不是一件好事。

歷史課本上曾提到秦始皇為了追求長生不老，派徐福帶著三千童男童女東渡尋藥去，而歷代皇帝中也不乏迷戀仙丹者（所謂仙丹，乃長生不老藥的另一種說法），但從未聽聞有底層人士追求永生，因為這輩子已過得苦哈哈，誰還會希求"永無止境"？

依據這個原理，我認為最希望實現永生的當屬擁有好資源的人，平民百姓"應該"興趣缺缺，因為即使有那份心思，口袋裡的錢也不夠支付"看不到盡頭"的餘生。

又有一天，我在網上讀到"捕靈網"這個名詞，說的是剛死（或瀕臨死亡）的人會看到一束白光，這束白光便是捕靈網，為的是收集死去的亡靈，倘若"拒捕"（譬如人世間有心願未了或仇恨未報），那麼靈魂就會停留在人間，成為孤魂野鬼……

當我得知那束白光就是捕靈網時，我的第一反應是──到時候肯定向它跑去，不帶一絲猶豫，一來我不想當孤魂野鬼；二來我迫不及待想進入下一個"未知"（這個"未知"說是輪迴也好，說是掉入別的維度也罷，反正豁出去了）。

我這麼"視死如歸"倒不是因為過得豬狗不如，事實上，我活得還不錯（別人也這麼認為），但這不能抵消我對這個世界的消極看法，譬如我認為人是可怕的動物，換言之，我們每天都在跟可怕的載體打交道，不知哪天就會被算計上，而更令人毛骨悚然的是這隻可怕的動物也包括我自己，比如我也會突生邪惡的念頭，恐怖的是我連它是怎麼竄出來的都不清楚，您說驚悚不驚悚？

當然，我也不否認這個世界有美好的瞬間，但比起不美好，只能算九牛一毛（也許正因寥若晨星，所以才顯得珍貴）。

總而言之，我對這個世間一點儿也沒有"久待"的慾望，即使有長生不老藥擺在我面前，我也會棄若敝屣，您呢？是否也和我一樣？

37、大嗓門惹的禍

今天,我站在超市的肉舖前跟泰國小哥要了一塊里脊肉,他正取時,我身後來了兩位"大哥",甲哥指著五花肉對乙哥說:"你看,這肉不錯。"

乙哥點了點頭,徑直走到雞蛋區。

" A......A......這肉給我來兩斤。"甲哥用普通話對泰國小哥喊,那架勢趾高氣揚。

我暗呼不妙,這是踩了馬蜂窩呀!

是這樣的,別看泰國人總是笑臉迎人,好像沒心沒肺一樣,但對待沒禮貌的人,他們也有自己的一套,那就是"冷處理"。果然泰國小哥給了我要的肉後,"很自然"地忙別的去。

"A……A……這肉給我來兩斤。"甲哥又用普通話對泰國小哥喊，依然盛氣凌人，不同的是這次伸出了2根手指頭。

至此，泰國小哥終於冷冰冰地走過來，又冷冰冰地從冷藏櫃裡取出兩條五花肉。

"不是兩條，是兩斤，哎！怎麼聽不懂呢？"甲哥取出手機，一陣輸出後，把已翻譯好的泰文示人。

顯然，泰國小哥看懂了，他把手中的兩塊肉上秤，接著又取了一些，總算達到兩斤，可是問題來了，剛才還在看雞蛋的乙哥忽然踅回來，同時發現另一盤的五花肉似乎更好，所以慫恿甲哥把原來的五花肉給退了，改要另一盤……

當這三人糾纏不清時，另一位泰國小哥走過來為自己的同胞"站臺"，現在的情況是2對2——肉舖後的兩人面色鐵青，肉舖前的兩人則七嘴八舌地解釋，聲音很大，那樣子像是客戶在罵服務人員（我猜泰國小哥應該也是這麼想的）。

等我走到收銀臺附近，忽然聽到幾個女人叨唸著待會兒烤肉的事，還說在別墅烤肉可以不用善後，因為泰國的人工便宜等等。

這麼聽下來，我立即把方才的兩位與眼前的幾位連接上，很明顯，這是個度假"親友團"，而且即將有一頓烤肉大餐。

這件事讓我聯想起另外一件事，去年年底我和老公入住曼谷某酒店，當我們躺在游泳池畔的躺椅上享受愜意時光時，豈料一個小時後便風雲變色。

"中國人為什麼到哪裡都像在吵架？"老公問我。

"他們不是吵架，而是講話大聲，因為興奮的緣故。"我解釋。

"妳何不看看其他人是什麼表情。"

於是我坐起，發現"先來者"都對"後到者"行注目禮，那眼神像在看什麼奇怪的"動物"，可惜"同胞們"似乎沒察覺，依舊大呼小叫，亢奮至極。

我想這牽扯到認知問題——游泳池到底是遊樂場所還是"放鬆兼休息"之處？如果是前者，嬉笑打鬧無可厚非；倘若是後者，安靜才是對其他客人的尊重。

老實說，我不認為那些"說話大聲"的中國遊客有意無禮，可能更多的是假期帶來的鬆弛感，讓他們不由自主地大起聲來，但"聽"在外國人耳中可一點兒也不友好，如果因此遭受"差別待遇"，也不是不能理解。

網上偶爾能見到中國人吐槽外國人（包括泰國人）大小眼，回到一開始的例子，如果您是泰國小哥，會對"大嗓門"的中國人有好印象嗎？換言之，若真的被大小眼，那也是其來有自。

根據我在泰長居的經歷，被泰國人集體針對的例子很少發生，講白了，泰國人非常、非常討厭沒有禮貌的"人"，這個"人"可以來自任何國家，不見得只針對中國人。

（註：不喜歡無禮之人乃全球的普遍現象，不止泰國如此，但基於泰國人"不易發怒"的個性，這難得一見的動怒確實踩到人家的底線）。

所以，當您來到泰國旅遊時，請務必扛著"禮儀之邦"的大旗過來，同時把"大嗓門"（容易引起誤會）留在家裡。如果做到了，我相信您會在這個美麗的國度收獲很多美好，遠離不愉快。

38、總有狗屎事

今天上購物商場,本來想吃日料,沒想到關門了(重新裝修),於是去吃鐵板燒。算一算,大概已有大半年沒來這家了,具體是什麼原因,我已經想不起來,結果剛點完餐就喚起我的記憶,因為服務員端來了白米飯和味噌湯。

"妳現在就給我白米飯,等菜送上,飯就涼了,妳沒注意到嗎?"我以"和氣"的口吻說。

服務員遂把飯撤下。

等菜真的送上後,我"又"發現我的照燒雞沒煮熟(跟半年前的情況一模一樣),於是雞肉又重新回到鐵板上。

結賬時，我猶豫了一下，因為實在是不滿意（怎麼過了大半年，缺點還在？），也就沒給小費。

吃完中飯，我和老公照例上日式麵包店買麵包，由於曾目睹切麵包的師傅切完麵包又去摸垃圾桶，所以這次選擇不切，哪知打包員直接上手將不切的"大"麵包放進包裝袋裡，當她的手指觸碰到麵包的那一刻，我們雙方都愣住了，我的想法是——有沒有搞錯？竟然用手拿？而她的想法（我猜）是——糟了！怎麼忘記把手套戴上？

不知從何開始，餐飲人員流行戴一種藍色或黑色的一次性貼合手套，看起來是乾淨衛生，其實不然，因為戴上手套便有了不用洗手的正當理由，甭管碰了食物之後是不是又去碰了不該碰的東西，反正沒人深究。

回到眼前的這位打包員，她其實又兼收銀，以前我也曾留意到她的手偶爾會不小心碰到麵包，但因戴著手套，即使想抱怨，好像也無從抱怨起，可是今天不一樣，她是光著手將吐司麵包（因為太大了）放進袋子內擺正，所以挺讓人如鯁在喉，尤其打包完畢又收了我的紙幣和銅板，這讓我聯想起上一位客人的錢也是這麼經過她的手……

（註：我也曾問過自己，如果她戴上手套收了上一位客人的錢，接著再去碰我的麵包，情況會不會有所不同？答案是——戴上手套會讓我的心裡好受點兒，但其實"骯髒"的程度差不多。）

回家後，我告訴老公——我不再上那家麵包店買麵包了。

"就因為她光手摸麵包？搞不好製作時就已摸了不止一回，只是妳沒看見而已。"老公說。

"後臺的事我管不了，但當著顧客的面都能這麼幹，可見培訓和管理沒到位。你可以繼續光顧，反正我撤了。"我答。

今天的兩次消費經驗都不太愉快，我以為就這樣了，沒想到稍後我又發現自己在美食廣場買的斑斕糕買貴了（別家都是60泰銖一盒，我卻付了100泰銖，而且個頭還小，算是迷你型）。

大概花了一個小時，我才把今天的"不順"給消化掉，因為不管願不願意，也不論是否小心翼翼，該發生的狗屁事還是會發生（Shit happens），逃不掉的。

我也只能這麼安慰自己。

39、鬼屋與凶宅

兒子工作一年後，開始有了買房計劃，由於種種原因，他選擇在蘇格蘭買房，而非目前居住的英格蘭。

"媽，我工作忙，妳能幫我買嗎？"兒子問我。

這裡的買可不像買白菜一樣容易，首先，我得從芭提雅飛到蘇格蘭，光機票和食宿費就是一筆不小的開支，加上蘇格蘭買房講求的是一個手速，我又不能百分百作主（總得問過兒子的意見），實在是不合適，於是拒絕了。

這個反應讓兒子頗為吃驚，因為我一向把他的事當作自己的事（還是要緊的事），哪曉得到了泰國就天差地別。

其實這跟我住在哪裡沒多大關係,反倒與心境有關,因為我漸漸意識到時間已經開始倒計時,我得為自己而活。換言之,我應該把我的需求和舒適度擺在第一位才行。

在我這邊吃了閉門羹之後,兒子只能靠自己,他開始了解購房流程及聯繫仲介看房,同時請好4天假,打算在4天內把買房大事給搞定了(只要屋主接受出價,剩下的可交由雙方律師辦理)。

好不容易兒子看中一處位於格拉斯哥的公寓,競標價格(Offers Over)是12萬英鎊,仲介的建議是最好出價14萬英鎊往上,但兒子只出價13萬,結果房子被出價15萬的人給買走了。

(註:所謂的競標價格是賣方設定一個最低價,所有買家的出價都需要高過這個價格,常被"希望通過競爭提高成交價"的賣家使用。)

房子沒買成,兒子頗有怨言,因為13萬英鎊是他老爸給的主意(老公認為超過這個數字,性價比就不高了),他本人其實可以出價更高。

半年後,兒子捲土重來,這次瞄準愛丁堡,為保萬無一失,他再度向自己的父親取經,當快結束談話時,我插嘴對兒子說:"你要查清楚屋子有沒有鬧鬼或發生非自然死亡事件。"

老公立即要兒子別聽我的,然後火速掛斷電話。

"難道你希望兒子買到鬼屋或凶宅?"我質問。

"放心,他絕對買不起鬼屋,因為鬧鬼的房子可貴了,至於凶宅,沒人在乎這個。"

我的確聽說過國外的鬼屋很搶手,比同一地區的平均房價要高出很多,而且鬧得越凶,售價越高(大概西方人多有獵奇心理,想看看鬼長什麼樣),但應該不會有人想買凶宅吧?!

"你不會真想買凶宅吧?!"我問老公。

"只要清理乾淨,現場沒有留下任何血跡,我不介意購買。"他答。

嘖嘖嘖……光想像那個畫面,都能嚇得瑟瑟發抖,何況入住?好吧!就算他不介意購買,難道就不擔心以後出售困難?

針對這個疑問,老公的回答是——或許東方人會在乎這個,但西方人多數不

care，因為地球已經幾億歲，搞不好我們此刻站著的地方就曾有無數條生靈死去……

話說得沒錯，但我還是會捨棄"新近發生"（與幾億年相比）的"特殊"房源，因為我的小心臟可承受不住"半夜鬼敲門"（即使我沒做虧心事）。

與此同時，我也相信"膽小"的西方人多過"膽大"的。基於這個"常識"，也為了反駁老公的說法（西方人多數不介意買凶宅），我特意上網查了相關資料，結果意外發現年初轟動一時的硅谷華裔殺妻案的命案凶宅僅掛牌9天就售出，雖然掛牌價212萬美元低於市場價，但成交價是232萬美元，相較於周邊同等條件的房屋，只低了大約30萬美元左右。這就挺有意思了，因為他殺所造成的凶宅在亞洲地區不說打骨折價了，起碼六折或五折是有的，但這裡（美國硅谷）的成交價卻比掛牌價還高，可見想要這屋子的大有人在，以致推高了成交價。

完了！上述例子非但沒反駁，反倒坐實了老公的言論——西方人多數不在乎房子是否為凶宅。

回到我住的泰國，泰國人不僅在乎房子"乾不乾淨"，而且還很熱衷傳播"靈異現象"，口耳相傳的結果，一些凶宅漸漸成了鬼屋，讓人避之唯恐不及，售價當然也上不去……

文章寫至此，兒子忽然來電表示他看中的公寓已經被別人買走了，他都還沒來得及實地察看呢！

瞧！這就是蘇格蘭的房產銷售狀況，講求的就是"快、狠、準"。

"沒事，"我安慰他，"買房是大事，得慢慢來。"

"可是……妳知道蘇格蘭的酒店一晚起碼得150英鎊起嗎？還有，不僅住宿貴，吃的也貴，這多來幾趟，我的買房錢就花光了。"

現在換我不知如何安慰他，因為房子是他想買，不是我逼的，前期的投入也在意料之中，這些都是要經歷的……

"要不就別買了。"我說。

"才不呢！現在不買，以後更買不起，我什麼時候才能實現財務自由？"他答。

"那就別抱怨了，趕緊想想該怎麼解決問題。"

掛斷電話後，我又開始寫作，因為寫作是我的事，買房是兒子的事，各管各的，也才能各自安好。

40、惡魔之吻

昨天，我和兒子遠程上中文課（他七月份有中文考試），當上到一篇有關"販賣人口"的文章時，我告訴他——我也曾差點兒被拐賣。

那是很久以前的事，當時的我大約十歲，剛打開鋼琴練琴沒多久，一名約十七、八歲的年輕女子便走進我家小院（當時家家戶戶都門戶洞開），隔著窗戶問我："妳知道公交站牌在哪裡嗎？"

我告訴她怎麼走，可是她依然表示不清楚，此時，聞聲而來的母親問我發生了什麼？我簡短告知。

"妳帶她去吧！"母親對我說。

於是我帶著陌生女子往外走，當經過鄰居家時，鄰居沒好氣地問："去哪兒？"

"她……"我指向身邊人，"不知道公交站牌在哪裡，所以我帶她去。"

"公交站牌就在馬路邊，還需要帶？"鄰居指著我，"妳，馬上給我回家去！"

無端挨了罵，我悻悻往回走，結果前腳一到家，鄰居後腳就到，迅速跟母親說嘴："那女的在我們這條巷子已經鬼鬼祟祟了一下午，我就留了個心眼，說什麼不知道公交站牌在哪裡，根本胡扯！她就住在公交站牌對面。"

為了證明自己所言不假，鄰居拉著母親去找人，碰巧遇到方才的年輕女子提著行李從"公交站牌對面"的房子裡走出來，快速招了輛出租車離開。

事後，母親總說我差點兒被拐賣。

從這件事讓我想起另外一件事，當時我上小學沒多久，某天回家路上遇到父親，他騎摩托車載我回家，我以為隔天也會一樣，於是站在路邊等，直到所有學生都走光了。

"小妹妹，妳怎麼一個人在這裡？"一名少年問我，背後站著四、五名少年。

個性害羞的我在這種情況下"通常"會保持沉默，但那天不知怎麼回事，我竟然開口說："我在等我爸爸，他很快會過來。"

話一答完，幾名少年就互相提醒："走了，走了。"

當時的我還以為自己說錯話，惹得他們不高興，天知道"一堆"少年會對一個小女孩做出什麼齷齪事？

如今的我已年過半百，暮然回首，有個深刻的感悟，那就是——某些"禽獸"總不肯讓小孩"好好長大"（本來寫的是"小女孩"，後來發現"小男孩"也一樣危險）。

我曾讀過一篇文章，算是一個"禽獸"寫的，此人正是我們常說的"鹹豬手"，在他的想法裡，摸模屁股、碰碰大腿，乃至襲胸都是小事，說白了就是開開玩笑，增加一點兒生活情趣而已。

親愛的女同胞們（也包括曾受過傷的男同胞），這就是"加害人"的想法，你們的每一顆淚都是哭了個寂寞，"禽獸們"根本就是另一種思維。

倘若這只是小概率的事，也許還不值得拿出來討論，問題是這是"大"概率的事，證據便是我年輕時曾與十幾名女同事一起聚餐聊天，有個人忽然提到自己小時候被性騷擾的事，接著便發生骨牌效應，聚餐的每個人都提到那些"不堪回首"的往事，當然也包括我。

如果我努力回想，那些挑逗的言語、色瞇瞇的眼神和不愉快的碰撞都曾讓我怒火中燒、心情大壞，甚至懷疑是自己的錯，才會導致對方說出那樣的話或做出那樣的舉動。我也是經過好長一段時間的心理調適，才與自己和解並接受人世間的不完美。

此刻的我又想起發生在幾個禮拜前的事，當時約下午四點半，天還亮晃晃的，我牽狗走在三巷，沒多久，迎面來了一輛摩托車，車上騎士忽然在離我約五十米處緊急剎車。我定眼一看，那是個皮膚非常黝黑的泰國人（是我見過的泰國人中，皮膚最黑的），襯得眼白部位特別明亮。

我望向騎士後方，再望向自己後方，發現整條巷子空無一人，只有我、狗和正色瞇瞇看著我的男人，而道路兩旁皆是樹林……

再怎麼反應遲鈍，也知道此時危險係數拉滿。我立馬拉狗往回走，偏偏狗子不配合，與我展開拉鋸戰，氣得我萌生"棄狗跑路"的念頭，還好危急時刻，一位洋人騎著摩托車從巷底呼嘯而來，瞬間打消了惡魔的作惡之心。

（註："黑"騎士重新上路，警報解除了。）

事後回想，這位泰國人應該是第一次來到這條巷子，以致誤判這是一條人煙罕至的巷子，事實上巷底住了不少外國人，平常也人來人往的，只是他碰上我的那個moment，我剛好落單（別把狗算進去，它只會拉後腿）。

哎！沒想到年老色衰了還是一樣危險，人生可真容不得有一刻馬虎啊！

41、淺談泰國徵兵

今天,我又在電梯裡遇到七樓住戶Abby,雖然只是點頭之交(而且都是在電梯內),但多點幾次頭後,我也獲得了不少信息,包括她離婚了,有一個兒子和一條博美狗,自從狗去世後,她不再養了,因為怕再經歷一次失去愛犬的痛苦。

"今天妳上哪兒去?"我問,因為見她拎著兩個塑料袋,看起來挺沉的。

"我去看我兒子,他正在服兵役,我給他帶點兒吃的和用的。"她答。

每年四月份,年滿21歲的泰國男性青年都要參與徵兵,現場那叫個歡樂無比,抽中紅籤的當場哀嚎或昏厥(表演性質居多）；抽中黑籤的手舞足蹈不說，興致一來還會劈個叉或給現場工作人員來個親吻。與此同時，媒體還會選出最美徵兵"仙女"，硬生生把一件"莊嚴肅穆"的事搞得像辦了一場同樂會和選美大賽。

"你兒子抽中紅籤了？"我問。

"沒，事實上他是自願當兵。"

"自願？聽說在泰國當兵很辛苦，怎麼妳兒子自願當兵？"

"當兵辛苦多指陸軍，如果自願當兵，可選海軍或空軍，相對沒那麼辛苦，而且服役只需一半的時間。"

我倒沒想過自願當兵還有這等好處。

"雖然沒那麼辛苦，"我說，"但終究是當兵，妳不心疼？"

"一點兒也不，我兒子太柔弱了，膽子也小，當兵對他來說是好事。"

此時電梯門打開了，我照例祝她有美好的一天，她也同樣祝福我。

遛狗回家後，我即刻上網查資料，除了再看一遍歡樂且具戲劇性效果的抽籤現場外，還獲知不少以前不知道的信息，好比變性人一樣要參與徵兵，至於抽中後要不要當兵，端看"改裝"的程度，如果已經完全沒有男性特徵，大概率是逃過一劫，倘若"改裝到一半"，那就懸了。還有，僧人出家超過十年才能免除兵役，這也是為什麼會在徵兵現場看到僧人出現的原因。

那麼，泰國青年為什麼畏懼當兵？這當然是有原因的，我歸納如下：

1、當兵時間長：除了2年正役兵，還有23年預備役（平時不參與軍事任務，必要時可被召回服役），總共25年。

2、伙食差。

3、工資少。

4、住宿環境艱苦。

5、老兵欺負新兵時有耳聞。

既然當兵如此恐怖，為什麼極少有泰國人逃避徵兵？那是因為拒服兵役會被沒收一大半家庭財產或關3～5年，對個人聲譽和就業也會造成一定影響，茲事體大，所以少有人嘗試。

誠然，參與徵兵是每個泰國青年不可推卸的責任與義務，想逃避基本不可能，但還是有一些合法途徑可以免除兵役，好比健康問題、家庭因素（親人需要本人照料）、教育原因（正在接受高等教育的學生可以申請延期服役）和特殊職業（對國家做出特殊貢獻的醫生或科學家可申請豁免或縮短服疫時間）等。

這聽起來很泰式（規定是規定，但總有轉圜的餘地），好處是因事制宜，壞處還是因事制宜，因為這當中會帶來談判空間，至於是怎樣的談判空間，看倌們請自行腦補。

42、陽光的重要性

今天陽光明媚,我遛狗走到公寓樓的東側,目光立即被我家和幾戶垂掛著竹簾的人家吸引住。為什麼我會被我家吸引?倒不是因為那是"我"家,而是陽臺上晾曬著滿滿當當的衣服,相較於別人家"象徵性"的幾件,顯得非比尋常,至於特意為陽臺掛上竹簾的那幾戶(當然是為了遮擋炙熱的陽光),在我看來卻是把歡樂的種子拒之門外,所以也同樣吸引我的注意。

記得當初買這房時,我曾諮詢仲介哪戶好?她指著樓盤模型(我買的是期房,不是現房),說:"525好,有池景,而且不曬。"

我有點兒猶豫，因為看模型呈現出來的方位，525很可能全天候都被對面樓棟遮擋住陽光。為了"保險"起見，我還是選擇仲介口中會熱到不行的東北朝向戶型。

房子建好後，如同我當初的猜測一樣，525終日都很昏暗，而我現在住的房，從日出到下午一、兩點鐘都還能得到"陽光入戶"的恩賜，熱是熱了點兒（得經常開空調），但這正是我要的。

對住在北半球的人來說，"買房要買坐北朝南"是常識，因為採光好、通風佳，還能避北風；反之，住在南半球則應當選擇坐南朝北。至於赤道附近，好像很少人提及，不過這裡（泰國）的仲介倒是說過——赤道地區因為太陽終年直射，所以朝向不那麼重要。

我住過北半球，也住過南半球，對上述前兩個的說法深以為然，卻對最後一個不苟同，因為朝向問題對赤道國家（好比泰國）依然重要，某些朝向就真的不受陽光待見，對於怕熱的人來說，這也許是一項福音，但對容易被陽光控制情緒的人而言，可一點兒也不友好。

（註：一般人以為太陽從正東方升起，中午劃過頭頂正上方，再從正西方落下

，其實不然。拿我所處的芭提雅而言，春夏時陽光從東偏北方向升起，中午移到頭頂偏西北，再從西南方向落下；秋冬反之。也就是說陽光上半年曬北牆，下半年曬南牆，如果想一年四季的上午都能見到可愛的陽光，朝東是比較"安全"的選擇。）

半年前，我有一趟曼谷之旅，抽空看了一處新建樓盤，我告訴仲介——白天曬不到太陽的一律不看。

"為什麼？"仲介問。

"因為心情會不好。"我答。

仲介露出迷惑的表情，但我沒做出解釋，因為說了也沒用，反而會被視為異類。

其實，"陽光影響心情"的發現並不是一開始就有，這還得從我移民至南半球的新西蘭，並搬進一棟坐北朝南的房子說起。當時的我並不明白朝向的重要性，也根本沒注意到身處南半球就該選擇坐南朝北。搬進後，由於主臥朝北，早上七、八點鐘便會被陽光喚醒，接下來的白天裡，我大多待在朝南（一整天都陰暗，逢陰天還得開燈）的客廳中。久而久之，我總感覺心情鬱悶，哪哪都不對，直到某天拜訪朋友，坐在她那灑滿陽光的客廳裡，心情一下子"豁然開朗"起來，我才發現自己正是"被陽光左右情緒"的那類人。

如果您恰巧同我一樣（會被陽光左右心情），那麼恭喜了，因為多數人心情不佳是找不到原因的。既然"病因"找到了，現在只需"沐浴在陽光下"，您不妨即刻試試。

43、窩囊氣

清晨六點多,我帶家裡的狗子出外遛達,一名金髮小夥子騎著越野摩托車經過我身邊,正常情況下,一個向左走,一個向右騎,不會再有交集,然而我家狗子此刻又當機了,這為接下來發生的事埋下伏筆。

(註:我家泰迪是一隻老狗,除了會為清晨的第一泡尿健步如飛外,其餘皆呈鵝行鴨步的狀態,更有甚者,就這麼直挺挺地站著,如果我不硬拉它走,它會"罰站"到花兒都謝了。)

既然我家狗子此時又"紋風不動",我索性也不走了,這邊看看,那邊瞧瞧,腦袋則天馬行空,一會兒回到兒時,一會兒又在英國，也難怪巨響傳來時，尚在雲遊中的我會被驚嚇到。

我往聲音出處望去，發現爆炸聲來自小夥子的座騎，而且很大的概率是故意為之。

（註：我對越野摩托車的構造不是很清楚，倒是聽說過這種車子可以通過排氣管改裝，實現炸街擾民的目的。這可不，方才的震耳欲聾就讓我原地抖兩下，想必也驚醒了不少夢中人。）

這種沒素質的行為的確令人惱火，但我沒打算"好為人師"，尤其我和小夥子的距離約有六、七十米遠，想"諄諄教誨"也難。

當小夥子再次落入我的視線中，那已是兩分鐘以後的事，此時的我還在天馬行空，早把"擾民炸街"一事給忘了，可是我忘了小夥子，不代表小夥子也忘了我這個唯一的目擊證人。

"What are you looking at?" 他咆哮著。

我一時迷糊，若說我看他，倒不如說是他"主動"走進我的視線範圍內，而我"順便"看了他。

"What are you looking at?"見我沒移開視線，他繼續咆哮著。

雖然憤怒、委屈加難以置信，但我選擇"退一步海闊天空"。

小夥子後來怒氣沖沖地走了，我則思考起一個問題——他為什麼如此憤怒？

社會新聞中偶有某人看了某人（或某些人）一眼，結果挨刀子的報導，那麼問題來了，受害者為什麼會有那致命的一望？有沒有可能是加害者首先在舉止上就"異於常人"（就像那名洋人小夥子一樣），所以引人側目？

記得我上初中那會兒，報紙上曾有一則新聞，說的是某個高材生望了一群不良少年一眼，結果被逼下跪，高材生不從，活活被打死。

這則新聞在當時引起很大的討論，輿論多傾向指責高材生不識時務，如果下跪了，還能保全性命。

當時的我並不苟同，這不是向惡勢力低頭嗎？說好的"邪不勝正"、"惡有惡報"在哪裡？

年歲漸長，我也終於體會到"忍一時風平

浪靜"的人生哲理，因為"穿鞋的打不過赤腳的"，有時就得打落牙齒和血吞。

可別以為這樣的忍氣吞聲只是亞洲人的"專利"，當面對青少年或極端份子挑釁時，我那位眼睛長在頭頂上的白人老公同樣也是悶聲大發財。

"剛剛你怎麼沒反應？"事後我問。

"狗發瘋時，難道人也跟著發瘋？"他答。

（註：當時我們住在澳大利亞的黃金海岸，這是個旅遊城市，對外來人相對寬容，可惜我們還是面臨過幾次不愉快。）

回到今日，窩囊氣當然有，但讓我再一次選擇，依舊會是逆來順受，因為正如同老公所言——狗發瘋時，難道人也跟著發瘋？

可喜的是這樣的例子並不多見，我也只能歸為運氣不好，然後把它封印在記憶的小黑屋裡，畢竟不這樣還能怎樣？總得先饒過自己，您說是嗎？

44、數字的禁錮

昨天,我到水果市場買水果,小販秤重過後,告訴我價錢是37泰銖。我給了他50泰銖,他問我有沒有100泰銖或兩張20泰銖?我回答沒有。

(註:泰銖的紙鈔面額有1000、500、100、50和20。)

他嘀咕了幾句後,找給我14泰銖。

我心算了一下,應該找13泰銖才是,但一想到我那奇葩的前同事,瞬間又釋然了,同時感嘆——原來對數字避諱的大有人在。

話說我那個前同事,她對4這個數字超級敏感(雖然中國人普遍不喜歡4,但她的反應尤其強烈),凡帶4的都別想跟她沾邊。舉個例子，某天公司做登記，她發現如果按照排隊順序，她將列於新一頁表格上的第四位，於是悄咪咪地走到隊伍末端；又有一次，公司聚餐吃火鍋，水開了，這位奇葩同事仍未到（當時手機不普遍，意思是聯繫人沒那麼容易）。等了一小會兒後，我們便開吃了，結果吃著吃著，某人忽然靈光乍現，指出這家餐廳位於四樓，莫非……

事後也沒人去追問那位同事為什麼沒來，因為大家都默認她的"避4情結"已經病入膏肓，無可救藥了。

其實這類避4現象早已出現在生活中，好比大樓沒有4樓（5樓便是原來的4樓，以此類推），地址沒有4號（以3A、3B取代3號、4號），而商家找零也儘量避開4等。

理應有4卻無4，那肯定是人搞的鬼，究其原因，無非就是害怕這個數字會給自己帶來不幸和麻煩。

國外也如出一轍，不過避諱的數字多為13（像一開始提到的泰國小販一樣），更有甚者，還把"13號星期五"列為不祥之日，然而法國人對此卻反應出奇。

據說法國人也認為13這個數字不吉利，而13號星期五同樣不祥，但他們卻用不一樣的心態去面對——凶一旦出現，剩下的就只有吉了。

這種"平衡理論"也影響到彩票市場，好比逢13號星期五，法國的彩票會賣得特別好，因為不吉出現了，剩下的就只有吉，而他們相信自己正是那位幸運兒。

自從知道法國人是如此對待吉凶徵兆後，我也一改故轍，譬如按照我以前的思路，某天若壞事降臨，那可是會一路壞到底，但現在的我會安慰自己這是好事，因為壞事發生了，剩下的就只有喜事了。

這倒是個不錯的想法，您不妨也試試。

45、熟悉的配方

兩年前,我曾在曼谷的某個地鐵口看到一名臉部燒傷的行乞者,她身穿學生制服,手裡捧著一個紙箱,箱子上貼著兩種文字說明(泰文和英文),大意是她行乞是為了做面部整容。

想到女學生年紀輕輕就遭逢厄運,我特意踅回去,在她的箱子內投入自己的一點兒小心意,我以為她會說句口坤卡(謝謝),結果沒有。

幾個月後,新聞報導提到該名女子連同其他6名乞丐均來自中國(不排除背後有操縱集團),年紀都不小,介於35至40歲之間,每人每天在鬧區乞討六個小時,收入大約1萬泰銖/人/天。

算一算，這幫人的人均月收入能達到6萬元人民幣，妥妥的高收入人群啊！

在我感慨的同時，曾有的疑問也有了解答，包括地鐵口行乞者的學生身份與臉上的滄桑匹配不上，還有，她之所以不開口道謝，乃因一開口就會露餡兒。

這些人的行徑無疑是詐騙，但我卻沒有太大的憤怒，因為殘疾一事不假，"謀生相對困難"也是事實。

（註：殘疾不能成為詐騙的理由，但我能理解殘疾人的處境。）

事情被捅破後約半年，我和孩子們上大城府遊玩，那是一座歷史悠久的古都（曾是阿瑜陀耶王朝國都），從1350年建都至1767年被攻陷為止，繁榮輝煌達數百年，因此留下不少珍貴的古遺址。就在某個觀光客雲集的遺址入口處，我看到一個攤位，廣告牌上貼著許多流浪貓犬的照片，雖然看不懂泰文，但能猜出這是為流浪動物募款。

我是養狗人士，將心比心，很樂意出一分力，可是當我走向掛著工作牌的工作人員，並且交出手中的紙鈔時，不可思議的一幕發生了——工作人員收下我的錢（沒放進捐款箱內，而是握在手裡），道謝後便像什麼事都沒發生過。

我愣了幾秒鐘後，才意識到他不會給我收據（像其他正規的捐款機構一樣）。

由於不了解泰國的捐款模式，我只能"合理化"整件事，譬如捐款的錢數登記過後才會放進箱子內，並且不是每項捐款都會給收據……

（註：儘管努力說服自己去相信，但我的心裡其實已經播下懷疑的種子。）

今天，我和老公到海邊享受悠閒時光，約一個小時後，我聽到說話聲（講的是泰語，而且聲音近在咫尺）。起初我不以為意，但同樣的話重複 3 次後，我還是從躺椅上坐起察看，結果發現有 2 男 1 女立在我跟前，全對我報以溫暖的微笑。

" @#%*€&……" 其中一名男孩對我說。

顯然，我又被誤會是泰國人。

" Sorry, I don't understand." 我回覆。

我以為這下子總算可以耳根清淨了，哪曉得女的立即蹲下去（這個動作很重要，會讓坐著的"買家"感覺自己被重視），以流利的英語表達來意，原來他們是義工，正為醫院裡的老人和小孩募款，由於警察說不能直接收錢，所以只能以販賣的方式籌款。

女人話一說完，兩個男孩立刻遞給我幾張"文字加照片"的說明書（泰文看不懂，但照片的確是醫院裡的老人和小孩）。等我"閱讀"完畢，一些小玩意兒陸續出現在我面前，像是掌上型風扇、保溫杯、摺疊傘……等。

這個配方有點兒熟悉，讓我的記憶一下子跳回到"被騙"的從前，不免留了個心眼。

"如果我買了你們的東西，你們會給我收據嗎？"我用英語問。

那女的聽完，無語了3秒鐘，接著告訴我摺疊傘售價500泰銖，收入會拿來幫助醫院裡的老人和小孩。

她的"顧左右而言他"給了我回絕的勇氣，我把曾經的經歷（幫助流浪貓狗的那一次）說出，表示自己不喜歡那種"稀里糊塗給錢"的感覺。

女的聽完也不糾纏，祝我有美好的一天後，將目標轉向其他躺在太陽傘底下的客人，可惜經過方才的對話，已經嚇退不少人，至少方圓50米內皆全軍覆沒。

事後，我回想了一下，發現了幾個有意思的點：

1、這3人衣著整潔、說話有禮，氣質上很像師生（女的像老師，男的像學生），脖子上還掛著工作牌，從形象上看，很像那麼回事兒，可以打90分。

2、募款的理由是"幫助醫院裡的老人和小孩"，乍聽之下好像沒問題，但我已經在泰國居住過一段時日，知道泰國人每次看病只要30泰銖（這包括所有的費用，好比看診費、醫藥費、檢驗費、住院費等），所以真不知這裡的幫助指的是什麼，如果是籌款買營養品或玩具，尚說得通，不過藉口很薄弱，因為不具"緊急性"和"必要性"。

3、女的特意提到警察叔叔，代表這3人很可能以前被舉報過，既然不能募款，3人便改賣商品，以後即便有爭執，無非就是賣家賣貴了（或者買家買貴了）的問題，性質上沒那麼惡劣。

4、女的英語流利，代表行騙對象也把外國人涵蓋進去。

5、採團伙作案（而非分開行動）是為了給"買家"施加壓力，因為拒絕一個人很容易，同時拒絕三個人（還是師生模樣的三個人）則相對困難。

6、拿售賣的摺疊傘為例，成本頂多100泰銖，卻賣500泰銖，意思是實賺400泰銖。假設一天能賣出20把，人均日收入將達2666泰銖，折合人民幣533元（這是一人一天的收入），比大學老師賺的還多，真不能小覷！

7、唯一的bug是沒有收據，如果提供了（當然是假收據），估計能騙更多，不過這也是把雙刃劍，雖然收據能讓騙局看起來更加真實，但追究起來也"鐵證如山"。

這場騙局給我的感觸是"人不可貌相"（這3人看起來人畜無害），而我之所以避坑，還得感謝以前踩過的坑，如果當時的體驗是愉快的，我就不會對"類似配方"懷有戒心。說到底，這是不經一事，不長一智（誰能想到當時的愚蠢會成為日後的警示），人生可真是峰迴路轉又充滿不確定性啊！

46、少生氣

今天，我下樓遛狗，偶遇俄羅斯鄰居。

"早安。"我說。

他點了一下頭，表情相當嚴肅。本來我還想問他怎麼今天沒見他遛狗？面對此情此景，也只能將話吞下。

當此人的背影漸行漸遠時，我忽然想起一句話——背影也是有情緒的（當然，俄羅斯鄰居並不是生氣我，而是他面臨了麻煩，導致心情不好）。

回到家，我恰巧看到國內的兩則新聞，都是跟咖啡店員情緒失控有關（一個將咖啡粉灑在顧客臉上，另一個則與顧客發生肢體衝突）。如果站在顧客的角度，等久了自然不高興，但若站在咖啡店員的角度，好像也沒錯，訂單多人手少，自己已經加快速度了，怎麼就不能體諒一下？

再舉個例子，前幾天老公清洗浴室時扭傷了，騎不了摩托車，這意味著買水出了問題（泰國的自來水不能飲用）。我尋思讓7-11送水來，畢竟大太陽底下走這麼一段路挺遭罪的，然而在下載軟件時卻出了問題。

"妳到哪兒去？"老公問我。

"我無法下載軟件，想請7-11的員工幫忙。"我答。

當時的想法很簡單，我下載的是7-11的軟件，為的也是讓7-11有錢賺，他們應該會樂意幫忙才是，結果卻不盡如人意，因為語言不通，負責做飲料的小哥試了一下，發現下載不了後便選擇忽視我，我只好找收銀員幫忙（當時她空閒著）。

這位收銀員的英語好一些，可惜仍無法下載。此時，顧客接二連三來結賬，她選擇先服務別人，我杵在那裡，很是尷尬。

"妳能幫我嗎？"趁她快結束忙碌，我問。

"等一下。"她答。

好不容易空下來,她"好像"就要幫我了,結果又來人(此人就排在我身後),於是我對剛才不理會我的小哥說:"你能結一下賬嗎?"

話說完,我指向另一個空著的窗口,又指指身後等著結賬的洋人,心想這下子應該能意會了吧?豈料小哥仍紋風不動,而女收銀員則直接招手讓顧客去結賬,那名洋顧客還懷疑問道:"我可以嗎?"

我一生氣,扭頭就走。

事後回想,小哥忽視我是因為語言不通(一開始他也幫忙了,發現幫不了後,只能選擇忽視),至於後來的"不幫忙結賬",也許那不是他的工作範圍,甚至被禁止越權。倘若真是那樣,解釋一下就行,偏偏小哥不會說英語,而會說英語的女收銀員正忙著,加上"說"的能力可能低於聽力,以致讓我感覺不受重視,繼而拂袖而去。

瞧!這又是一例因各自立場不同或自身條件受限所造成的誤會。

其實只要活著的一天,完全不生氣是不可能的,因為每個人當下的狀態有好有壞，看事情的角度也不盡相同之故，但"少生氣"卻是可行的，譬如包容心大一點兒、遠離情緒不佳或與自己磁場不合的人、搬到戾氣沒那麼重的地方……等，基本能降低生氣的頻率。

以上是我的淺見，您認同嗎？

47、偶發事件的省思

很久以前,我曾看過一本著名作家寫的書,其中一章提到她的老師上課時總愛聊八卦。有一天,她與老師在走廊上狹路相逢,她的老師問她:"妳是不是很瞧不起我?"

這名作家後來以筆鋒犀利聞名,批評起時事來,完全不留顏面,所以我頗相信這位老師的第六感靈驗,她的學生就是瞧不起她,理由不言而喻。

與這位作家不同,我極愛聽八卦,只要上課老師講起"別人家的事",我立馬像打了雞血似的,全身充滿活力,反之則昏昏欲睡。

印象中,我的"老師們"多多少少都會在課堂上講些題外話,有的甚至會開黃腔(不過都是點到為止),這給枯燥的學習生活帶來些許樂趣,所以我並不覺得有什麼不妥。

從這些課堂上散佈出來的蒜皮小事中,有數條我至今仍記憶猶新,這包括發生在英語老師身上的事。話說這位老師某天上美妝店,碰上一位愛搭不理的店員,她遂拿起一支口紅,隨口問了幾句便要店員包起來,店員很快收起傲慢,臉上也有了笑容。

"對付這種人,就得拿錢砸。"我的老師說。

沒想到四十年後,類似的事會發生在我身上,請聽我道來……

這幾天,芭提雅的尚泰百貨正在打折,我和老公當然不願錯過。當我們買完衣服,從服裝店走出來時,心情無疑是美麗的,因為收銀員很健談,我們還因成人襪看起來像幼童穿的而笑成一團,以致對接下來發生的事一時沒反應過來。

"沒有42碼的,"那人用力奪走我手上的跑步鞋,放回展示區,"就算是給男人穿的,也沒有42碼。"

在中國，我一向穿42碼鞋，所以也沒怎麼留意泰國是否使用相同的衡量標準（這不重要，不是嗎？），何況我是女的，她提男的幹嘛？

"我是女的，他提男的幹嘛？"我問老公。

這是個側擊（不正面開打），同時也是個求助信號，老公遂問那名銷售店裡的鞋都有哪些碼？她嘴裡唸唸叨叨，大概的意思是看我的腳形應該穿39碼，於是我問她店裡的最大碼是多少？她答39。

"剛剛那雙……"我指向物歸原位的跑步鞋，"有39碼的嗎？"

"沒有沒有。"她不耐煩說道。

於是我指向身旁架子上的兩雙休閒鞋，要她拿39碼的過來。

鞋子送上後，這人立馬又遞過來一雙"別人穿過"的襪子。由於我早有買鞋計劃，所以事先準備了自己的襪子，見狀，這位銷售才改變態度，不僅告訴我綠色鞋比藍色鞋更適合我，還拿來一雙她認為好看的鞋讓我試，畢竟會準備襪子的人應該誠心想買鞋，不是嗎？

正當我糾結該選38碼還是39碼時，此人不忘提醒我選好尺碼，因為付完費就不給退換了。

老實說，我根本沒想過貨物出門還能退換的問題，即使買錯了，我也沒精力去折騰。

後來我選了39碼的藍色鞋，結賬過後，那個一開始吃了十斤炸藥的銷售終於展露笑顏，畢恭畢敬地將裝好袋的鞋子奉上，雙手合十，道了一聲："口坤卡。"

這個畫面讓我想起四十年前老師說過的話——對付這種人，就得拿錢砸！

買完鞋後，我試著做其他事來轉移注意力，譬如上健身房健身、與朋友聊天、寫作、上網做旅遊攻略（今年九月份，我和老公打算到巴厘島遊玩）等，可是仍心亂如麻，看來我對今日發生的事是介意的，索性開始自我剖析。

沒錯，我是不該讓不禮貌的人有錢賺，不過在當時心情愉快的情況下，很難立即拉下臉或者認定別人帶著惡意，只能順著情勢往下走，那麼我糾結的點難道在於自己過度心善，導致沒在第一時間做出"有力"的反擊？

這聽起來很匪夷所思,怎麼頃刻間我就對自己的"心境平和"感到不快?

思前想後,我得出一個結論,那就是人很難瞬間變臉,我若為自己"無法快速憤怒"而惱怒,這其實違反人性,因為能快速做出反應(以牙還牙)的人,多半本身就站在憤怒邊緣,所以一點燃就炸,我該慶幸的是自己沒處於"水深火熱"之中(壞處便是"自救感"不足)。

這麼自我開導後,我逐漸放下了,因為"允許已發生的事情發生"也是一種能力,既然改變不了,那就接受吧!接受不完美的別人和無法及時"正確"處理突發事件的自己,這也是人生的課題之一。

48、夾著尾巴的白種人

在第96屆奧斯卡頒獎典禮上，得獎的羅拔唐尼（Robert Downey Jr.）單手從華裔美國男星關繼威的手中拿走獎座，沒有直視頒獎者，也沒有和他握手致意，而是轉頭和臺上其他人握手碰拳，讓兩次想與他互動的關繼威頗為尷尬。

有人說羅拔唐尼是興奮過頭，以致忽視了枝枝節節，但我認為大概率就是瞧不起人，與其說瞧不起關繼威，倒不如說瞧不起他的膚色，因為此人（或此類人）所表現出來的傲慢和目空一切對我來說非常熟悉，熟悉到我還可以幫"他們"補刀，好比插隊（是的，白人也會插隊，而且"看人"插隊）、吐口水（一樣是"看人"吐口水）、莫名其妙謾罵、差別待遇⋯⋯等。這些白人其實就是霸凌者，而霸凌的對象偏好亞洲人，因為亞洲人普遍"打不還手、罵不還口"，符合"受氣包"的角色。

當然，並不是每個白人都種族歧視（有些白人還特愛亞洲文化），我這裡針對的是羅拔唐尼"們"，然而即便這些人的骨子裡不把"有色人種"當一回事，但漂洋過海到泰國（也可能是其他國家）後，囂張跋扈的氣焰立即消散，"乖"得很不尋常。

拿我住的芭提雅而言，白人俯拾皆是，可是我卻從未發現羅拔唐尼"們"的蹤影，莫非羅拔唐尼"們"都不上泰國？那倒也不是，而是"人在屋簷下，不得不低頭"，這就好比再怎麼看某人不入眼，哪天若入住到某人家裡，起碼也得夾著尾巴做人。

記得很久以前，我的同事計劃到海外度蜜月，她請我推薦旅遊地。我告訴她最好的旅遊地是東南亞，好比泰國、印尼、馬來西亞等，因為物價低（當時的確低到塵埃裡），口袋裡的錢會"膨脹"不少，而且當地人很nice，能保證旅途愉快。

同事與她的準夫婿商量過後，還是決定到英國度蜜月，理由是這是他們第一次出國，也可能是最後一次，所以要挑個好點兒的。

（註：當時出國旅遊是奢侈的事，可能會花掉一個月或好幾個月的薪水。）

顯然，在同事及其夫婿眼裡，東南亞國家不夠好，這也是很多國人的刻板印象（歐美加澳新好，東南亞和非洲不好，日韓尚可），所以移民首選是歐美加澳新，能到那些國家的人就是能人，反之就沒那麼好，甚至還有點兒江河日下的感覺。舉個例子，有個英國籍華人跑到曼谷常居，網友們紛紛詢問她為何要"撿了芝麻，丟了西瓜"？她的回覆是英國天氣不好、生活成本高，還是曼谷住著舒服。

要我說，這是個明白人，但明白人說明白話未必能得到共鳴，這就好比圍城，裡面的人想出來，外面的人想進去，想讓外面的人不進去是不可能的，只能任由他們"一條道走到黑"。

拿我本人舉例，我拿的是新西蘭護照，嫁的是英國籍老公，完全可以在三國（澳大利亞、新西蘭、英國）來去自如，但我卻選擇到泰國養老，在大多數人眼裡，這很不智，除了囊中羞澀，大概找不到別的理由。

講到"沒錢，所以到泰國養老"，還真不是，因為泰國的消費水平不同以往，已經和國內一線城市不相上下，何況我若回新西蘭居住，還有養老金可拿，住在泰國則領不到。基於以上，選擇到泰國養老並不是窮，而是這裡住著舒服，我不用表現得很有錢的樣子（好換取尊重），也不用擔心因膚色被歧視（白人在泰國會夾著尾巴做人，在本國則流露真性情），就是這麼簡單！

有句話"如人飲水，冷暖自知"，如果您不認同我的看法，不妨自己走一遭，我相信屆時您會理解我的選擇。

49、活在當下

前幾天，我刷到一個有意思的視頻，說的是一個"活在當下"的人K，他總是笑口常開，總是劍及履及，總是樂於分享，譬如聽到有感覺的音樂時，他會隨著音樂婆娑起舞；吃東西時，他會閉上眼睛，全身心去享受食物的味道；看到新奇的事物時，他會驚歎道："哇！看看這個。"

不知為何，當我看到這個視頻時特別有感觸，以致隔天竟對著浴室裡的鏡子笑，那樣子看起來非常古怪。

（註：我之所以對著鏡子笑，乃因視頻裡的K笑得像個孩子似的，我便想試試自己是否也能如此這般，沒想到还真做不到。）

當天，我遛狗來到一片草地前，腦子還在天馬行空，一會兒憶起兒時生活，一會兒又想到未來科技，時空來回穿梭，就是沒落在"此時此刻"上，忽然，K的身影出現了。

"我也來試試活在當下吧！"我對自己說。

既然要活在當下，那麼當下是什麼呢？我開始觀察四周，發現陽光從我的左後方照射下來，天空很藍，上面有棉絮般的白雲，仔細一看，雲在動（不注意看是看不出來的）。

現在我將目光拉近，落在草地上的兩隻小鳥，它們正互相追逐，看起來像一對情侶或好朋友。待兩隻鳥飛走後，又來了兩隻，新來的比較話癆，啾啾啾地叫……Wait，既然它們啾啾啾地叫，那麼咕咕咕的聲音來自何方？我左看右瞧，終於在一棟房子的陽臺欄杆上發現了鴿子。

"原來麻雀的聲音是啾啾啾，鴿子的聲音是咕咕咕。"我心想。

現在我的視線又回到草地上，話癆鳥已經飛走，只剩瘋長的雜草，它們有的深綠，有的淺綠，有的綠中帶黃，有的綠中帶褐，無一例外的是這些深深淺淺的綠草皆微微顫動著……

"起風了嗎？"我心想，同時將視線拉得更近，"是的，身旁這棵樹的葉子正在搖曳，我的皮膚也感覺到絲絲涼意。"

這個實驗讓我很是驚奇，因為我從未想過"活在當下"會如此有趣，以前的五十多年算白活了，不僅白活，還非常愚蠢，因為我總是懊惱過去、憂慮未來，偏偏無視最重要的當下，實在傻得可憐！

如今，當我又犯傻時，我總提醒自己："看看妳的當下是什麼？"

這招倒是管用，當我意識到"當下"啥事也沒有時，這有助我"相信"未來也不會有太糟糕的事情發生，因為如果"當下"無事，代表"當下"是安全的，倘若每個"當下"都安全，代表未來也是安全的，畢竟未來是由每個"當下"組成的。

我的這番話，大大咧咧的人可能無法體會，但對於總是"提前煩惱"的人來說，那可是當頭一棒。

如果您不巧也杞人憂天，不妨試試這個法子，相信您也會同我一樣，擁有"發現新大陸"的喜悅。

50、養老院與養老機器人

這幾天，我前後刷到兩條有關國內養老的新聞，一是兒子和年邁的母親在酒店租下長租房，結果被酒店單方面解約；二是房東把房租給一名七十多歲的老人後又反悔，請求網友們支招。

針對以上兩條，毀約固然不對，但我堅定地站在酒店和房東這一邊，因為風險係數太大了，萬一老人磕著或傷到，提供住處的商家或個人難免有麻煩，日後若"自然死亡"，房屋雖不算凶宅，但心裡多少會有疙瘩，凡此種種，還是遠離為妙。

這麼一分析，年老時如果想"單住"還真是個問題，所以當一所專為非泰籍人士提供的養老院出現時，我眼前一亮。

話說這所養老院的創始人是一名英國老爺爺，之所以把原來的度假村改裝成養老院，起因是他母親住在英國的養老院裡，一個星期才能見到護工一次，其他服務就別提了。這個"不足之處"讓他有了在清邁開養老院的想法，並且付諸行動……

" Guess what ？" 我對老公說，" 清邁有一家英國人開的養老院，吃飯時間會開電瓶車去接老人，如果行動不便，也有送餐服務。"

" 即使不住養老院，我也能點外賣吃啊！" 老公答。

我電光一閃，是啊！如今的外賣行業很成熟，吃飯這一塊已不能成為亮點，於是我舉別的例子——哪天行動不便了，洗澡、換尿片、散步……等就成了問題，這時就需要一個好點兒的養老院。

老公表示如果真到了這個地步，那就請個看護，總比上私立養老院便宜。

講到請看護，就不得不提我年輕時看過的一部電影——老人僱用女傭照顧自己，結果女傭一步步將老人孤立起來，當老人的親戚和朋友都不再上門後，她便開始實施"鳩佔鵲巢"的計劃，將老人的房子和財產逐步佔為己有，老人命懸一線……

顯然，這部電影給我帶來了陰影，以致當老公提議請看護時，我立即舉雙手雙腳反對。

"既然這樣，那就買個養老機器人吧！"老公退一步說。

我的確聽過養老機器人，據說這類機器人還分為康復機器人、護理機器人和陪伴機器人。康復機器人主要用來幫助行動不便的老人進行康復活動；護理機器人則完成"護工"的工作，滿足日常起居、出行、如廁、洗浴等方面的需求；陪伴機器人想當然爾是負責陪伴，除了陪老人聊天，還會唱歌和跳舞，目的是解決孤獨感的問題，同時激發老人會話和思考能力，藉以預防或延遲患上老年痴呆症。

"我不反對買養老機器人，但我不要'仿真'型。"我答。

據新聞報導，國內的人形機器人預計在2025年量產，並於2027年完成產業鏈和供應鏈體系。我不知道到時候出來的產品長什麼樣，但國外已經出現人型機器人，從錄影上看，一個個皆是洋女長相，不光金髮藍眼，還有個突起的胸部（老實說，看起來挺像仿真充氣娃娃）。像我這種看到洋娃娃都會害怕的人，豈能容忍一個"假"女人在家裡走動？這半夜起床一看，豈不嚇到心臟驟停？

"妳若要'仿真'的，還得加錢呢！"老公說，"最便宜的是支架式，看起來就像一臺機器。"

"那最好！咱們以後就買這款機器人。"

當人們感慨養兒不能防老時，時代已經送上養老機器人，具備"24小時守護、盡職盡力、不鬧脾氣、提供情緒價值、無虐待行為、能聯繫家屬、會叫救護車、省錢"等優點。

敢情我這是趕上時代的福利？！

這樣看來，我反倒擔心起前面提到的養老院會不會被時代拋棄？

老公果斷答不會，原因有二，首先，要達到機器人俯拾皆是的程度，尚有一段時日；其次，即使家家戶戶都有機器人，養老院也不會消失，反倒因"真人"服務成了稀缺，要價甚至高過以往。

"我還有一個問題，"我說，"機器人肯定需要動力，老人都行動不便了，如何替機器人充電？"

"妳傻啊！掃地機器人都會自己充電，這種高科技的養老機器人不會？"

想到養老機器人已經伺候（外加說唱逗樂）老人一整天，到了夜裡還得自己"電"自己，我忍俊不禁，哈哈哈……

後記

我的泰國養老生活還在繼續,後面的故事將寫在《我的泰國養老生活3》中,感興趣的讀者們請繼續關注。

作者介紹

在異國的背景下加入纏綿悱惻的愛情故事是B杜小說的一大特點,她的文筆清新、筆觸詼諧、畫面感很強,讀完小說有種看完一部愛情偶像劇的感覺,特別適合懷春少女及對愛情有憧憬的女性閱讀。

另外,B杜還創作了散文、嚴肅小說、系列小說等,歡迎關注。

ALSO BY B杜

《我的泰国养老生活 2》（简体字版）
My Retirement Life in Thailand 2 (in simplified Chinese characters)

* * *

《法蘭西情人》 Love in France
《東瀛之愛》 Love in Japan
《新西蘭之戀》 Love in New Zealand
《英倫玫瑰》 Love in England
《愛在暹羅》 Love in Thailand
《情定布拉格》 Love in Prague
《獅城情緣》 Love in Singapore
《愛上比佛利》 Love in Beverly Hills
《夢回楓葉國》 Love in Canada
《早安，歐巴》 Love in Korea

《我在蘇黎世等風也等你》
Love in Switzerland

《迪拜公主的祕密情人》Love in Dubai

《馬力歷險記1之地球軸心》The Adventure of Ma Li (1): The Time Axis

《馬力歷險記2之黃金國》The Adventure of Ma Li (2): Eldorado

《馬力歷險記3之可可島寶藏》
The Adventure of Ma Li (3): The Treasure of Cocos Island

《B杜極短篇故事集(1～100)》A Word to the Wise (Tales 1～100)

《B杜極短篇故事集(101～200)》A Word to the Wise (Tales 101～200)

《B杜極短篇故事集(201～300)》A Word to the Wise (Tales 201～300)

《B杜極短篇故事集(301～400)》A Word to the Wise (Tales 301～400)

《B杜極短篇故事集(401～500)》A Word to the Wise (Tales 401～500)

《B杜極短篇故事集(501～600)》A Word to the Wise (Tales 501～600)

《B杜極短篇故事集(601～700)》A Word to the Wise (Tales 601～700)

《B杜極短篇故事集(701～800)》A Word to the Wise (Tales 701～800)

《巫覡咖啡館之梧桐路篇》
The Witch & Warlock Café on Wutong Road

《巫覡茶館之浣紗路篇》 The Witch & Warlock Teahouse on Huansha Road

《我的泰國養老生活 1》 My Retirement Life in Thailand 1

《鴻溝》 A World Apart

《潔西卡》 Jessica

《夏小希》 Miss Xia

《謝小桐》 Miss Xie

出版社介紹

如意出版社（Luyi Publishing）在英國註冊，致力於將優秀作品介紹給全球讀者，聯繫方式如下：

郵箱1：Luyipublishing@163.com

郵箱2：Luyipublishing@gmail.com

優質服務推介

愛苗庫Amyoku 長輩影像紀錄/傳記代寫

Spend your time on the right person

www.amyoku.com

www.ingramcontent.com/pod-product-compliance
Lightning Source LLC
Chambersburg PA
CBHW030034100526
44590CB00011B/202